SE TROUVE A PARIS,

CHEZ

- FUCHS, libraire, rue des Mathurins, hôtel de Cluny.
- LENORMANT, Imprimeur-libraire, rue des Prêtres-Saint-Germain-l'Auxerrois, n.º 42.
- Les frères LEVRAULT, quai Malaquais.
- CH. POUGENS, Imprimeur-libraire, quai Voltaire, n.º 10.

ESSAI
SUR
L'ART D'OBSERVER
ET DE
FAIRE DES EXPÉRIENCES.

TROISIÈME PARTIE.

De l'observateur, peintre de la nature.

CHAPITRE I.

De la manière de publier ses observa-
tions et ses expériences.

J'AI fait voir jusqu'à présent l'observateur
pénétrant la nature par ses sens; je veux le
montrer se mesurant avec elle par son génie.
Semblable à Buffon, il doit embraser l'ame
par la chaleur et la vie de ses tableaux ;
mais comme Swammerdam, il doit encore

instruire par la correction de son dessein et
la sévère ressemblance de ses portraits. Ce
n'est pas assez pour l'observateur qui veut
éclairer les hommes d'avoir découvert des
faits nouveaux et importans ; il faut encore
les placer sous les sens de ceux qui ne les
ont pas observés, ou qui ne peuvent pas les
observer après eux ; il faut même qu'il enseigne, par son exemple, l'art d'observer à
ceux qui ne le connaissent pas.

L'interprête de la nature doit d'abord re-
tarder la publication de ses découvertes,
tant qu'il espérera les rendre plus solides.
On a beau avoir étudié long-temps le même
objet, on peut craindre encore d'avoir
négligé les observations importantes pour le
développer ou pour perfectionner les observations qu'on a faites. Si l'objet qu'on étudie
est nouveau, quelque borné qu'il soit, on
ne peut guères se flatter d'avoir apperçu ce
qu'il offre d'intéressant, ni réuni tous les
effets qu'il peut produire, et qui peuvent
le dévoiler. Il faut beaucoup de tems pour
rechercher les faits essentiels, pour les mettre
ensemble, pour voir un objet sous tous ses

rapports, pour vérifier les observations que l'on a faites, avoir une certaine confiance en les publiant. Combien il a fallu de siècles pour découvrir la pesanteur de l'air, l'accouplement des abeilles ? Combien de temps il faudra pour découvrir des faits plus compliqués que ceux - ci.

N'y aurait- il point de critère pour s'assurer que les observations sont muries autant qu'il est possible ? Cette question importante ne saurait avoir une solution générale. Il y a des sujets qu'on peut approfondir d'abord plus ou moins, parce qu'ils sont à notre portée, tandis qu'il y en a d'autres qui échappent à nos efforts. Les premiers sont ceux dont les effets s'offrent entièrement à nos sens, comme les procédés des insectes, le mouvement des astres, l'influence immédiate d'un corps sur un autre ; telle est celle de la chaleur, de l'humidité, du poids de l'air, etc. Si l'on n'a pas à tous ces égards l'évidence ; c'est la faute de l'observateur ou de ses instrumens ; si donc il se contentait de ce qu'il aurait apperçu, avant d'avoir acquis cette perfection de connaissances, il devrait être convaincu qu'il n'a pas mis le temps et les soins nécessaires à l'étude du phénomène qui l'occupe. Quand on observa la planète Herschel comme une étoile, si l'on avait considéré sa lumière, sa couleur, ses mouvemens; on aurait reconnu avant Herschel que cette étoile était une huitième planète. Si Maquer s'était arrêté pour voir l'eau qui se formait sur les parois du vase, où il brulait le gaz hydrogène ; s'il avait cherché les causes de cette humidité, il aurait découvert la décomposition de l'eau, qui éternisera le génie de Laplace et de Lavoisier.

Les idées les plus communes, celles qui paraissent le mieux établies, méritent encore tous les efforts des philosophes, soit pour les étendre, soit peut-être pour assurer leur solidité. On était convaincu avant les expériences originales du comte de Rumfort, que l'eau était un excellent conducteur de chaleur, il lui a ôté cette propriété, de même qu'à quelques autres fluides. On pense peu aux bornes de nos connaissances ; on n'aime pas croire qu'on est toujours très-éloigné d'avoir épuisé les sujets dont on s'occupe, et l'on ne réfléchit pas assez aux difficultés nombreuses qu'ils opposent à nos efforts pour les connaître.

Tous les objets ne sont pourtant pas également difficiles à pénétrer ; cependant les plus simples, en apparence, ne sont pas toujours ceux qu'on approfondit le plus facilement. L'anatomie des animaux est plus avancée que celle des végétaux ; les parties les plus composées des plantes, comme leurs organes générateurs, sont les mieux connues. Il y a dans tous les corps mille choses, dont on ne peut se rendre raison, comme la force de la cohésion qui varie dans les différentes parties des végétaux et des animaux, où les combinaisons opérées dans les corps organisés ; il faut reconnaître son ignorance, et se décider à ignorer encore ces grands phénomènes, à moins que des circonstances favorables ne fassent luire un jour heureux sur ces parties obscures.

On peut juger qu'une observation est

complète, quand on a saisi tous les rapports vraisemblables de l'être qu'on étudie,
avec tous les êtres qu'on peut soupçonner
liés avec lui. Spallanzani montre les rapports des animalcules avec la chaleur, le
froid, et divers fluides ; il recherche leur
manière de se nourrir, de se multiplier,
de se mouvoir; il étudie leurs procédés
industrieux, et il s'assure ainsi que ces
êtres si petits sont animés, et que des
analogies nouvelles en confirmant sa conclusion, n'ajouteraient rien à sa solidité.

Mais cela ne prouverait pas, qu'on a fait
tout ce qu'il était possible, pour dévoiler
l'objet qu'on observe ; il ne suffit pas d'avoir
découvert quelques rapports, il faut encore
qu'ils soient liés entre eux ; ainsi tous les
rapports entre les animalcules des infusions
et les animaux se réunissent pour établir la
probabilité de la vie animale des premiers,
et l'on se persuade la vérité de cette conséquence par l'uniformité des formules de la
nature, et par l'uniformité du rôle que l'animalcule paraît jouer dans les principales circonstances de l'économie animale, quand on

le compare avec celui des animaux dont l'animalité ne peut être équivoque.

Enfin il faut pouvoir se rendre raison de tous les effets observés d'une manière qui ne laisse rien à désirer : cependant, si après de longs travaux, on n'avait pu trouver ce qu'on cherchait, il faudrait indiquer ce qu'on a découvert, afin que d'autres pussent le suivre et profiter de toutes les facilités qu'on peut leur offrir et de tous les succès qu'on a eu. Lavoisier a beau répandre la plus vive lumière sur une partie de la chimie, ses découvertes ont beau expliquer une foule de phénomènes, ce grand homme voit toujours les parties inconnues de sa théorie, et il en avertit les observateurs pour les engager à en pénétrer les obscurités ; mais il apprend en même tems que ces ténèbres n'obscurcissent pas la lumière qu'il a répandue, et qu'elle doit s'étendre sur un plus grand nombre d'objets, quoiqu'elle ne puisse pas devenir plus vive sur les faits qu'il a découverts.

Le désir de produire n'est pas toujours

A

un élan du génie vers l'immortalité ; le génie
ne presse le grand homme, l'enthousiasme
ne l'échauffe, que lorsqu'il a long-tems
médité son sujet, pénétré ses rapports et
considéré la lumière qu'il va répandre ; il
faut qu'il sente la nature dans ses idées,
comme il la voit dans leurs originaux ;
alors animé par ses grandes espérances, il
est assuré d'ajouter des idées importantes
au système de nos idées. Trembley connaissait ses polypes depuis trois ans et demi,
lorsqu'il publia leur histoire.

Quand on se croit en état d'apprendre
aux autres quelque chose qui puisse les inté-
resser, il faut leur indiquer les moyens
employés pour observer les phénomènes qu'on
veut décrire, afin que chacun puisse les
observer de même. La nature est le domaine
du génie et des talens, aussi ceux qui
seraient jaloux de leurs découvertes, et
qui se borneraient à les annoncer sans faire
connaître leurs moyens, doivent être regardés
ou comme des charlatans qui en imposent,
ou comme des avares qui veulent jouir
dans l'obscurité. Lewenhoek eut la faiblesse

de cacher ses lentilles à Hartsoecker. Lyonnet au contraire emploie une partie de son ouvrage à peindre ses instrumens, et il ne procède à faire son étonnante description de la chenille du saule, qu'après avoir déployé tous ses moyens pour voir ce qu'il a décrit. Il craignait même si fort de n'être pas cru, qu'il autorise ses observations par le témoignage de ceux à qui il les a fait répéter. Priestley emploie toujours un chapitre pour peindre les appareils dont il se sert dans ses expériences, et enseigner la manière de s'en servir.

Le grand homme jaloux de la perfection de l'esprit humain cherche à faciliter aux autres ses recherches. Trembley apprend à son lecteur la chasse du polype, la manière de le conserver, de le nourrir ; il détaille tous ses procédés avec le plus grand soin, et comme il le remarque, on épargne ainsi le tems et la peine de ceux qui voudraient répéter les observations en leur facilitant les moyens de les faire, et en leur laissant l'avantage de les perfectionner.

Spallanzani peut être cru lorsqu'il dit dans sa préface de la traduction italienne qu'il a faite de la *Contemplation de la nature*, que les nouvelles observations ne se répètent pas d'abord heureusement par d'autres observateurs, lorsqu'ils ne sont pas exactement informés de la manière de les faire ; parce que l'omission des plus petites circonstances peut quelquefois les faire manquer ; et pour l'ordinaire ces petites précautions qui sont si importantes ne se découvrent qu'après un long travail, et avec une grande patience. C'est le peu d'attention donnée par quelques observateurs au récit que Spallanzani a fait de ses expériences sur la reproduction de la tête coupée aux limaçons de jardin, qui les a empêchés d'avoir le même succès ; il avait pourtant marqué sur le col du limaçon les limites au-delà desquelles la reproduction de la partie coupée ne peut se faire ; mais il avait remarqué qu'il n'était pas facile d'indiquer ces limites. J'ai répété ces observations avec succès, et j'ai vu plusieurs fois ces limaçons décapités reprendre de nouvelles têtes, avec leurs cerveaux, leurs yeux, leurs mâchoires, et leurs dents dont ils faisaient le même usage qu'avec la première tête enlevée.

† Cette attention scrupuleuse dans la description des procédés, est sur-tout indispensable dans la physique expérimentale et la chimie. Un peu de poussière ou d'humidité sur les appareils fait manquer les expériences électriques. Le degré de chaleur que le zinc et le fer éprouvent change leur effet pour décomposer l'eau, et l'on n'a quelquefois que la vapeur de l'eau au lieu du gaz hydrogène qui devrait se dégager.

La connaissance de tous ces détails est tellement nécessaire pour établir la ressemblance des observations, que leur oubli dans les récits des observateurs changerait les résultats de ceux qui les répètent, et les ferait douter du succès de leurs opérations. Haller dans sa soixante-huitième observation sur la formation du poulet dans l'œuf, remarque qu'on ne voit pas l'entrée du sang dans le cœur, en le regardant de la manière ordinaire par la face droite du fœtus, mais qu'on l'apperçoit aisément en l'observant par la face gauche.

Il serait à souhaiter que les observateurs
en publiant leurs observations distinguassent
soigneusement ce qu'ils ont bien ou mal vu,
et qu'ils graduassent ainsi la bonté de leurs
observations, parce que personne ne peut les
juger aussi bien qu'eux. Haller détermine le
degré de confiance qu'on doit donner aux
faits qu'il rapporte, en estimant la valeur de
ses observations par la netteté de leurs résultats, et la clarté des idées qu'il a acquises.
Il faut être un grand homme pour se juger
comme un autre, pour croire qu'on ne réussit
pas toujours, et pour dire avec vérité cette
observation est bonne, celle-là est sujette à
l'erreur. Haller fait connaître ainsi ses observations ; il dit que la première, la seconde,
la cinquième, la sixième, la huitième, la
douzième et la vingtième, sont les seules qui
donnent une juste idée de l'accroissement du
poulet dans l'œuf; mais il raconte aussi quand
l'œuf n'a pas été couvé assez long-temps,
ou quand les œufs sont plus petits ; il remarque même que dans l'observation cinquante-
deuxième, il a oublié de mesurer le fœtus.
Newton indique avec scrupule les petites
imperfections de certaines expériences; telles

sont celles de ses pendules qui furent d'abord mal suspendus; telles sont encore celles dont il rappelle les résultats de mémoire.

Cette candeur rendra les mauvais succès de l'observateur utiles à ceux qui feront les mêmes recherches. Je dois pourtant remarquer ici qu'on ne peut avoir un mauvais succès dans une observation, parce que les sens doivent toujours saisir ce qui s'offre à eux; de sorte qu'une observation dont le succès serait mauvais, serait seulement une observation différente de celle qu'on voulait faire; mais en montrant un effet qu'on n'attendait point, elle peut faire soupçonner une cause qu'on n'avait pas prévue, et conduire à la vérité qu'on cherche par une autre route. Sydenham a le courage d'apprendre qu'un médecin avait guéri un de ses malades par une méthode opposée à la sienne, et il enseigne ce qu'on doit éviter comme dangereux ou inutile dans le cas rapporté.

Un fait ne peut devenir digne de foi que lorsqu'il est accompagné de toutes les preuves qui établissent sa vérité; il faut donc en mon-

trer toutes les circonstances, en ôter tous les
sujets de doute. On ne peut croire Godaert
lorsqu'il dit que la courtilière après avoir
placé ses œufs dans une motte de terre très-
dure, l'entoure d'un fossé pour les garantir
de leurs ennemis, veille à leur conservation,
élève son nid quand le soleil est chaud, l'en-
fonce si l'air se rafraîchit. Le récit de ce fait
peut amuser l'imagination; mais l'observateur
devait dire comment il avait vu ces événemens souterrains ? Croirait-on qu'il n'avait
pas mesuré les différentes hauteurs du nid
dans les différentes circonstances dont il
parle ? Cependant cette observation seule
pouvait établir la vérité du fait, ou lui mé-
riter quelque confiance.

I. En observant un fait nouveau, on remarque mille circonstances indifférentes, de peur
d'en laisser échapper qui soient importantes;
mais en écrivant ce qu'on a observé, il faut
éviter les détails d'un grand nombre de faits
peu considérables, qu'il suffit de faire sentir
en décrivant les autres, parce qu'il serait
inutile d'embarrasser sa marche en s'y arrê-
tant; ou parce qu'on ne saurait les considérer

sous leur vrai point de vue, que lorsqu'on aura donné une connaissance plus étendue du sujet. En lisant les Elémens de chimie de Lavoisier, on sent bien qu'il raconte seulement ses expériences fondamentales, et l'on entrevoit derrière elles cette foule d'expériences et d'observations qui l'avaient mené aux faits qui servent de fondemens à sa belle théorie.

Les premières recherches, faites pour l'ordinaire en divers temps et dans différens buts, en renferment pour l'ordinaire qui sont superflues, imparfaites, inutiles ; aussi quand on revient sur tout cela, il faut nécessairement en supprimer un grand nombre, et les disposer plus heureusement : c'est ce que Priestley a trouvé nécessaire dans la seconde édition qu'il a publiée de ses œuvres. Cependant il ne devait pas différer la publication de la première, par l'espoir d'une plus grande perfection ; il aurait retardé l'heureuse influence produite par ses découvertes et les progrès qu'elles ont fait faire à la chimie.

L'observateur montre sur-tout son génie et

sa logique dans la disposition de ses observations; on y remarque l'ordre et la méthode qui rendront leur publication plus utile. Celui qui lirait ces observations comme elles ont été faites, ne saisirait pas toujours le fil qu'on a suivi pour les faire; il convient de les lier entr'elles, de manière qu'elles puissent s'éclairer réciproquement, et rendre faciles à suivre les vérités qu'elles doivent dévoiler; mais Priestley ôte cet embarras à ses lecteurs dans une édition qu'il a donnée de ses découvertes, en trois volumes, en 1790. Il y a une grande différence entre le *Traité d'optique* de Newton, et le récit qu'il a fait de ses expériences sur la lumière, dans les *Transactions philosophiques.* Cependant la méthode lumineuse de cet ouvrage en facilite l'intelligence à ceux qui le lisent; mais il montre dans ses mémoires la route que le génie se trace pour découvrir la vérité.

Quand on a déterminé un ordre pour raconter ses observations, il faut renvoyer dans une place particulière les faits remarquables qui interrompraient cet ordre, ou qui dérangeraient son ensemble, en détournant

l'attention

l'attention sur des faits curieux, mais déplacés. Trembley suit toujours son histoire des polypes, et il renvoie à la fin tout ce qui tient à l'histoire des sections de ces animaux, de leur retournement etc.

Il faut sur-tout éviter, en publiant ses observations, de généraliser trop les conclusions qu'on en tire ; elles doivent être les résultats de ce qu'on apperçoit dans quelques individus ; de sorte qu'on courrait le risque de prendre une exception pour une loi, si l'on n'avait pas singulièrement multiplié ses observations ou ses expériences ; ou si l'analogie de la nature n'apprenait pas ce qu'on doit en penser. Muschembroeck trompa plusieurs physiciens, en assurant qu'un baromètre qui n'est pas lumineux, quand on le secoue de bas en haut dans un lieu obscur, est parfaitement rempli : Deluc a démontré qu'il avait pris une exception pour une loi. Combien de physiologistes ont cru qu'il n'y avait point de génération sans accouplement ? Cependant la production des polypes par boutures, et celle des pucerons isolés pendant neuf générations successives, ont démontré le danger des conclusions trop générales.

Il ne me paraît pas suffisant de donner seulement les moyennes des observations, comme on le fait quelquefois, parce que cela prive des détails qui sont toujours intéressans. Dans la météorologie, par exemple, ces moyennes qu'on adopte me semblent nuisibles. Il importe de connaître l'heure précise des observations, parce qu'elle influe sur les conséquences qu'on peut en tirer; en donnant les moyennes des jours on s'écarte de la vérité, mais l'écart est bien plus grand, si l'on donne la moyenne de plusieurs jours qui se suivent; dans une suite d'effets liés entr'eux, chacun offre quelque chose d'absolu qu'on ne peut estimer par des nuances. D'ailleurs, si l'on veut caractériser la marche par les nuances observées entre les pas différens, comme on le fait en prenant les moyennes qui doivent représenter plusieurs observations, peut-on se flatter de représenter une marche souvent variable, et qu'il peut être important de connaître?. Ne convient-il pas d'avoir toujours la série des pas, et de la réunir aux moyennes qu'on en déduit ?

Un observateur qui publie ses observations ne terminera point leur description par ces raisonnemens qui représenteraient moins ce qu'il a vu, que ce qu'il a souhaité d'appercevoir. Il faut que celui qui lit une observation soit conduit par ses détails aux conséquences qu'elle présente. Si l'on a contredit un si grand nombre d'observations, c'est sans doute parce qu'on ne les a pas toujours racontées comme on les a faites, et parce qu'on les a entourées des idées qu'elles ont produites.

Dirai-je qu'il est important de se souvenir qu'un fait vrai qui n'est pas présenté d'une manière propre à faire connaître son évidence, laisse au moins dans l'incertitude et entraîne dans des disputes qui retardent les progrès de la science, parce que l'on sent moins les rapports des faits avec ceux qui sont connus, et parce que l'on ne peut pas, avec une certaine confiance, rattacher ce fait à toutes les parties auxquelles il doit tenir.

CHAPITRE II.

Des descriptions.

LE but de l'observateur est de faire connaître l'objet qu'il étudie ; son seul moyen pour réussir est de décrire avec exactitude ce qu'il a observé avec soin. Tous les hommes ne peuvent pas se vouer à l'étude des mêmes objets ; il faut donc que les descriptions remplacent pour eux les objets qu'il n'ont pu observer, en faisant connaître leurs parties et leurs qualités, de manière qu'on puisse les distinguer de tout autre, et les reconnaître quand ils frappent les sens.

Les descriptions sont aussi le principal travail du naturaliste ; c'est pour mettre sous les sens les objets inconnus qu'il les étudie ; mais, quoiqu'il se borne à caractériser ce qu'il voit, il n'est pas toujours aisé de saisir les caractères constans d'une espèce, de les distinguer de ceux qui sont variables, et de se faire de justes limites, en généralisant les observations qu'on a suivies.

Rien ne nuit davantage aux progrès de l'histoire naturelle que ces dénominations vagues, ces descriptions rapides, qui ne peuvent accommoder que la paresse ; parce qu'on croit pouvoir se dispenser de recherches ultérieures, lorsqu'on croit pouvoir appliquer à un objet avec quelque vraisemblance, ce que l'on y a trouvé à demi. Quand on a dit qu'une montagne est schisteuse, on croit l'avoir décrite suffisamment ; cependant on a dit seulement qu'elle était formée de pierres divisées en feuillets, et l'on aurait dit quelque chose de signifiant, s'il n'y avait pas des pierres calcaires, argilleuses, marneuses, des pierres cornéennes, et des roches primitives qui sont aussi feuilletées.

Les productions de la nature sont si variées, qu'il importe de les distinguer pour éviter leur confusion, et de les reconnaître pour les appliquer à leur usage. La description qu'on en fait doit donc s'étendre à tout ce qui peut les caractériser. C'est en saisissant les différences des objets qu'on fixe leurs espèces, tout comme en découvrant leurs ressemblances, on forme les genres et les classes; mais les uns et les autres ne peuvent se dessiner que par des descriptions rigoureuses. On ne se défie pas assez des descriptions mauvaises; on n'imagine guères qu'un portrait qu'on croit facile à faire ne soit pas ressemblant : c'est ainsi qu'on est trompé par les voyageurs, qui n'ont ni la patience pour observer, ni la méthode nécessaire pour étudier les objets qu'ils décrivent; étonnés souvent par les objets nouveaux qu'ils apperçoivent, ils ne distinguent que leurs formes extraordinaires; l'extérieur épuise leur curiosité, et ils croient avoir fait une belle relation lorsqu'ils l'ont enrichie de tout ce qu'ils ont lû ou entendu; mais comme ils n'ont quelquefois pas plus de discernement en lisant les livres, qu'en lisant la nature; ils fabriquent des êtres bien éloignés de la réalité; ils voient des lions, des chevaux, des veaux, des hirondelles de mer, là où l'on cherche toujours ces enfans de leur imagination.

La description d'un objet doit donner les caractères qui le distinguent de tous les autres, il faut donc le connaître scrupuleusement : plus un objet est composé, plus il a de parties propres à le caractériser ; plus aussi il a souvent des rapports avec les autres. Ainsi donc comme une description est un portrait en miniature, il faut étudier avec soin l'objet qu'on veut peindre, et comme on ne peut l'étudier convenablement que dans la nature, il faut l'étudier avec ses habitudes dans la place qu'il occupe.

Une bonne description sera donc faite avec une rigoureuse bonne foi, exprimée avec clarté, présentée avec exactitude et précision ; elle sera pourtant suffisamment circonstanciée, pour indiquer tout ce qui est véritablement caractéristique ; elle marquera les principales modifications que l'objet décrit éprouve dans sa durée ; elle tracera les circonstances qui concourent à le produire, à le conserver, à le détruire ; elle dévoilera ses rapports et ses usages, elle remarquera ce qui est particulier aux habitudes des plantes et aux procédés industrieux des animaux, leurs climats, leurs patries, enfin leurs singularités. C'est ainsi qu'Hypocrate décrit les maladies ; c'est ainsi que Linné dépeint les plantes ; c'est ainsi que Werner et Hauy font connaître les minéraux.

La première qualité d'une description, c'est l'exactitude ; elle doit renfermer tous les traits distinctifs de l'objet décrit, de manière qu'on puisse le reconnaître quand on l'a vu, ou le découvrir dans la nature, quand on le rencontre. Il faut donc rassembler tout ce qu'il y a de plus constant et de plus particulier dans l'objet qu'on veut décrire, numéroter ses parties, tracer leurs contours, déterminer leurs places, fixer leurs proportions, nuancer leurs couleurs ; de-là, on peut passer à l'impression de chaque partie sur les sens : c'est ainsi qu'on parle des piquants du porc épic, du luisant de la martre zibeline, de l'odeur de la civette, du chant du rossignol, du goût de la vanille. En approfondissant son sujet on découvre des nouveaux effets, on s'instruit des mœurs, des habitudes, des animaux et des plantes. On voit le fourmilion dans le creux qu'il s'arrange, disposer ses embuches ; on suit les mouvemens des feuilles de l'acacia, on détaille tout ce qu'ils ont de singulier, on recherche autant qu'on le peut l'histoire de leur production, de leur conservation de leur destruction, on s'occupe à pénétrer leurs usages: Cette description ne serait pourtant pas toujours complète; il y a des objets qui varient suivant les saisons, l'âge et le pays. Le faon de la biche ne ressemble pas au cerf adulte. Le cerf lui-même, perd son bois et sa graisse après le rut. Enfin, le cerf de nos pays ne ressemble pas entiérement à celui de l'île de Corse.

Cette exactitude dans les observations préviendrait une foule de disputes interminables, qui s'élèvent quelquefois entre les auteurs systématiques, ou les observateurs peu exacts. Quand on détaille les circonstances d'un fait avec assez de soin pour le distinguer de tout autre, et pour éviter toute confusion, on distingue ce qu'on voit de tout ce qu'on peut imaginer. Si Buffon et Needham avaient eu les expériences et les observations de Spallanzani, sur les animalcules des infusions, et sur ceux de la liqueur séminale, ils n'auraient pas fabriqué leurs molécules organiques et leurs forces végétantes.

Afin de rendre les descriptions d'un objet plus utiles, il faut s'attacher sur-tout à en faire connaître les traits les plus importans. Quand on décrit un cousin, on s'attache sur-tout à peindre son aiguillon, sans négliger ses autres parties. En faisant l'histoire de la cigale, on serait étonné si l'on ne trouvait qu'un mot sur l'organe qui produit le bruit qu'elle fait entendre.

L'étendue des descriptions, la minutieuse exactitude des détails, l'attention qu'on doit porter à toutes les circonstances d'un phénomène, ne sauraient être égales dans tous les cas ; elles se proportionneront toujours au but qu'on se propose. Quand Scarpa veut donner l'anatomie de l'oreille ; quand Mascagni trace les sinuosités des vaisseaux absorbans, ils sont bien autrement minutieux dans leurs détails, que s'ils donnaient l'anatomie générale du corps. L'obscurité des sujets, leur importance et leur nouveauté déterminent la grandeur des soins qu'il faut mettre à leur description. Il serait inutile de décrire longuement un objet connu ; celui qui traiterait scrupuleusement tous les événemens de la vie d'un cheval, ferait un ouvrage dont on tirerait une mince utilité ; mais, s'il avait découvert quelqu'être nouveau, comme les polypes, ou éclairé quelque phénomène curieux, comme celui de la calcination des métaux, alors il ne pourrait supprimer quelque particularité, sans nuire essentiellement aux sciences et aux savans.

Il en sera de même pour les objets qui auront occasionné des disputes entre les savans ; tous les détails sont essentiels pour les éclaircir et pour démontrer qu'on a réussi. Spallanzani ayant été conduit par les observations de Buffon et de Needham, sur les infusions à étudier les petits êtres animés qu'on y découvre, et ayant trouvé en eux de vrais animaux, il les a mis dans la vraie classe qu'ils occupent parmi les autres êtres ; mais, appelé à combattre des observateurs célèbres, il emploie les plus grandes précautions pour appuyer sa découverte ; il trace les mouvemens de ces animalcules ; il peint leurs couleurs ; il décrit leur naissance, leurs jeux, leurs guerres, leurs membres, leurs viscères, leur multiplication, leurs alimens. La vérité lui dicte ses descriptions, et chaque observateur, aussi exact que lui, voit précisément comme lui les mêmes choses, parce qu'il les voit telles qu'elles sont.

Les descriptions longues ne sont pas les meilleures, elles sont alors souvent confuses ; la multitude des petits traits qu'on y accumule, empêche de remarquer ceux qui sont vraiment saillants ; en y réunissant ce qui est commun à plusieurs autres êtres, on ne découvre pas si aisément ce qui leur est caractéristique ; les grands peintres font des portraits ressemblans avec un petit nombre de coups de pinceaux. Les phrases de Linné sont des portraits en miniature pour les plantes qu'il veut faire connaître.

Pour être vrai, il faut éviter dans ses descriptions les termes extrêmes des objets, à moins qu'on ne les annonce ; les termes moyens sont toujours plus près de tous les individus de l'espèce, ils sont plus communs et plus naturels. Daubenton a choisi pour ses descriptions anatomiques, l'animal dont la proportion est la plus ordinaire.

On ne doit pourtant pas omettre les exceptions remarquables ; on connaîtrait mal un genre, si l'on ne connaissait pas toutes ses espèces ; on connaîtrait mal une espèce, si l'on ne connaissait pas ses variétés. La nature toujours variée dans ses productions, fait remarquer encore des différences dans les nuances, de ses variétés ; les exceptions peuvent quelquefois former ces nuances ; elles sont des faits particuliers, qui ne sont peut-être des exceptions que pour notre ignorance, et qui disparaîtront avec elle. Reaumur avait établi comme une règle générale, que les chenilles, dont les chrysalides sont soutenues par un lien, donnent des papillons diurnes, mais il trouva une exception digne d'être rapportée dans la chenille verte, arpenteuse du chêne, qui lie sa chrysalide avec un lien de soie, et qui donne un papillon nocturne.

Quand on a décrit un individu d'une espèce ou d'un genre, on se ferait souvent des idées fausses de tous les individus de l'espèce, et de toutes les espèces du genre; il faut encore rechercher ces différences constantes, ou ces variétés permanentes qui sont les effets d'une cause toujours active. Buffon dans son histoire naturelle de l'homme, a fait un chapitre intéressant sur les variétés de l'espèce humaine, telles qu'on les observe entre les hommes de divers climats, relativement à la couleur, à la forme, à la grandeur, au tempéramment. Il suit cette méthode dans l'histoire des animaux, et il termine celle de chacun d'eux par ces détails importans.

Cependant quelques-unes des variétés observées sont souvent apparentes, elles peuvent être produites par des circonstances particulières, et leurs différences ne sont quelquefois qu'une perfection moindre. Les naturalistes avaient cru, comme Buffon le remarque, qu'il y avait plusieurs espèces de mangoustes, parce qu'il y en a de grandes, de petites avec un poil différent; mais Buffon ajoute, que comme ces animaux sont élevés dans les maisons, ils doivent subir les différences de ce genre, qui résultent de leur état de domesticité. Dans les végétaux, les différences produites par la greffe, ne sont pas caractéristiques. Les trois genres d'orangers, établis par Tournefort, n'en font qu'un seul. Il y a des arbres que la greffe prive de leurs épines, dont elle adoucit les fruits ; mais ces différences accidentelles, sont seulement des exceptions dans l'histoire de la nature.

Les différences réelles sont seules importantes, parce qu'elles caractérisent un objet nouveau, et parce qu'elles apprennent ainsi à le reconnaître, comme le nombre des parties organiques, leurs formes, leurs usages; telle est la figure des cristaux; telle est encore la nature chimique des substances minérales.

Quand on a fait plusieurs observations sur le même objet, il convient sans doute de les décrire, mais il faut sur-tout développer les plus importantes. Haller, après avoir suivi plusieurs œufs de la même heure, trouvait séparement dans chacun, quelque chose qu'il n'avait pas observé dans les autres, et il l'indique avec scrupule. Il montre ainsi la manière de rassembler ses observations sur le même objet, en rapportant les différences remarquées dans les divers individus, à la partie elle-même qu'elles regardent; il réunit aussi pour chaque partie du poulet, toutes les observations qu'il a faites sur elle; comme on peut le voir dans son second mémoire.

Il n'est pourtant pas toujours aisé de fixer le sens de ce qu'on voit, de manière que chacun puisse le revoir comme l'observateur. On ne peut pas employer toujours la méthode ingénieuse de Daubenton, pour déterminer invariablement la couleur des pierres précieuses, en les comparant avec des couleurs composées de divers rayons de lumière séparés par le prisme : tel est encore son moyen de reconnaître la dureté relative de ces pierres ; le diamant qui peut les rayer toutes, sans être rayé par aucune d'elles, est nécessairement le corps le plus dur ; ensuite, la pierre qui raye toutes les autres, hors le diamant, comme le rubis, doit occuper la seconde place, etc.

Les

Les descriptions ne peuvent pas toujours se borner au dessein des parties extérieures : connaîtrait-on un animal parce qu'on aurait la représentation rigoureuse de ses formes extérieures avec leurs dimensions. Ce n'est qu'après avoir approfondi leurs propriétés, qu'on peut les caractériser. Reaumur apprend aux potiers de terre, à distinguer la terre du sable ; tandis que celui-ci n'est point pénétré par l'eau ; on voit l'eau s'insinuer dans toutes les terres, elle augmente leurs volumes, elle en rend quelques-unes ductiles ; enfin les terres humectées ont de l'odeur, tandis que les sables en manquent absolument.

Quant aux objets dont quelques parties ont été bien décrites, il faut se borner à décrire les parties négligées ; la multitude des caractères empêche la confusion. Si l'on pouvait trouver dans les plantes une autre caractéristique aussi lumineuse que celle des étamines et des cotylédons, on parviendrait à une nomenclature plus rigoureuse, et en suivant une distribution fondée sur diverses ressemblances, comme Jussieu, Adanson et Lamarck, on réussirait à les mieux connaître.

C'est ainsi que les corolles, les feuilles, leurs glandes, la disposition des branches, des feuilles, des racines, leur constitution etc. donneraient des caractères qui excluraient toutes les hésitations, et plusieurs plantes qui paraissent se ressembler, à quelques égards deviendraient différentes, en employant d'autres caractères.

On décrit pour instruire, il faut donc être sévèrement vrai dans les descriptions, et marquer avec scrupule tout ce qu'on croit douteux. Le nombre de ceux qui croient sur parole, et qui sont forcés de croire, ainsi, est toujours le plus considérable.

Il ne suffirait donc pas de donner à un être connu une qualité qui lui convient, il faudrait encore en estimer la nature et l'intensité ; ainsi en apprenant l'usage d'une plante pour soulager dans une maladie, il faudrait apprendre la dose qu'on doit en donner, et indiquer si elle guérit.

Un observateur fait pour l'ordinaire une histoire individuelle, qui le borne au récit de ses observations. Perrault, dans ses *mémoires sur les animaux* ne parle que de son ours, de son lion, parce qu'il sentait bien qu'un individu ne fait pas une loi générale; aussi quand il annonce quelque chose généralement, il l'environne de toutes les exceptions qu'on peut y mettre.

L'exactitude qu'on doit apporter dans les descriptions, exige qu'on y laisse l'obscurité, que l'observation n'ôte pas dans les idées ; afin , qu'en la répétant, ou en la lisant , on conserve l'idée confuse qu'elle fournit; autrement les tentatives qu'on ferait pour être clair , seraient aux dépens de la vérité ; il faut traduire la nature comme elle s'offre aux sens, et son interprète ne doit jamais être son commentateur.

Les mots doivent servir à donner une notion précise des choses, à exprimer d'une manière générale certaines vérités : en un mot, à peindre ce que les sens apperçoivent; il est vrai qu'on peut difficilement rendre les sensations ; comme elles ne sont pas rigoureusement les mêmes dans tous les observateurs, le sens des mots doit être plus ou moins différent, suivant l'homme qui les emploie ; d'ailleurs une idée complexe ne l'est pas semblablement pour tous les cerveaux ; aussi une des causes de l'imperfection des descriptions, c'est la différence du sens attaché aux mots dont on se sert ; il en sera de même pour le rapport des objets entr'eux ; plus les idées seront simples, plus les mots seront exacts, et plus l'idée qu'ils réveilleront sera uniforme chez tous les hommes qui liront la description.

Les mots sont une source abondante d'erreurs ; leur nombre n'est pas assez grand, et leurs nuances ne sont pas assez variées pour peindre les différens êtres, avec leurs propriétés et leurs modifications. Le sens même des mots n'est pas assez déterminé pour exprimer nettement les idées qu'ils doivent rendre ; et les idées qu'on se forme des choses, d'après les phrases qui les représentent, varient suivant les personnes qui les entendent, qui les lisent, ou qui s'en servent ; ce qui produit souvent des idées confuses pour soi et pour les autres.

Je suis persuadé que l'obscurité des anciens naturalistes est en partie produite par l'ignorance de la signification des mots qu'ils ont employés. Cé serait un beau présent à faire à la philosophie qu'une édition soignée d'Aristote, de Théophraste et de Pline ; mais il faudrait se faire leur dictionnaire, le chercher dans leurs ouvrages, et dans ceux des écrivains contemporains qui auraient traité des sujets analogues. Cette entreprise si belle, si utile exigerait un travail qui effrayerait nos naturalistes littérateurs.

Il faut choisir entre les mots ceux qui sont les mieux connus, dont le sens est le plus déterminé, qui peignent à l'esprit ce qu'ils doivent représenter ; c'est ce qu'on a fait avec succès dans la botanique ; ainsi l'on appelle *radiées* ces fleurs rondes et planes dans leur tour, composées d'un disque, et d'un simple rang de pétales plus longs que larges, naissants à peu-près selon le plan du disque. Je ne puis approuver ces mots tirés du grec, qui sont muets pour ceux qui ignorent cette langue, et qui introduisent une espèce de barbarisme dans la nôtre ; ce qui devient d'autant plus choquant qu'on néglige entièrement l'étude du grec, malgré ses grandes analogies avec la langue française.

Les langues influent plus qu'on ne croit sur les progrès des sciences ; elles deviennent, comme les chimistes français l'ont observé, des méthodes analytiques qui facilitent le passage du connu à l'inconnu ; puisque l'art du raisonnement est celui de l'analyse, les mots rendent à l'imagination les idées qu'ils doivent représenter ; de sorte que si la langue saisit l'ordre successif et naturel des idées, elle forcera ceux qui l'emploient à la suivre, et en se servant d'un mot ils sauront la vérité qu'il exprime ; car enfin, le mot, comme le disent ces grands chimistes, doit faire naître l'idée, et l'idée doit peindre le fait ; mais les mots conservent les idées : aussi pour conserver des idées justes, il faut avoir des expressions exactes ; ces principes d'une vérité rigoureuse, doivent sur-tout être présens à l'esprit de ceux qui écrivent l'histoire naturelle, et en particulier ils doivent présider à la formation des mots qu'on employera pour représenter les objets nouveaux.

Je crois qu'il faut éviter de donner, sans une absolue nécessité, des noms différens à des choses déjà nommées, parce qu'on répand ainsi de la confusion dans la science, et l'on augmente la difficulté d'entendre les auteurs qui ne les ont pas employés. Les anatomistes modernes ont donné le nom de cornes de bélier, aux apophyses médullaires du cerveau, quoique ce nom ait été appliqué autrefois aux cavités qui les renferment. La nouvelle nomenclature chimique est sans doute préférable à l'ancienne, parce qu'elle peint à l'esprit de ceux qui savent le grec, la nature de la substance désignée ; mais c'est une nouvelle langue à apprendre, qui ne supprimera pas l'ancienne. Je voudrais que cette nomenclature fût française ou latine, en un mot que chaque langue se l'appropriât dans les mêmes principes.

On préviendrait enfin toutes les erreurs avec de bonnes figures ; il est souvent impossible de peindre exactement avec des mots, toutes les parties des êtres qu'on observe, de trouver dans une phrase toutes les courbes d'un animal ou d'une plante, de suivre toutes les sinuosités des vaisseaux, d'exprimer toutes les nuances de leur couleur : il faut donc profiter de ce moyen pour parler plus intelligiblement à l'esprit.

Mais ces figures sont très-difficiles à bien faire ; chaque objet devrait y être représenté dans sa grandeur naturelle, ou du moins il faudrait le réduire à des dimensions connues, en détailler les contours, en exprimer les tons, en crayonner le caractère ; il faudrait que le dessinateur fût naturaliste pour sentir la nécessité de toucher divers détails qui échappent au simple artiste. Je proposerai ici pour modèle les belles planches du *Biblia naturæ*, de Swammerdam, le fidèle Roësel, l'agréable Redouté, mais sur-tout l'adroit, le patient, l'exact, l'ingénieux Lyonnet, dans son étonnant ouvrage sur la chenille du saule, dont les figures disputent à la nature la délicatesse de ses productions et la vérité de ses traits.

Tout s'hérisse de difficultés, quand on cherche la perfection ; les talens du peintre, l'exactitude du naturaliste ne suffisent pas pour donner des figures vraies ; l'observation doit encore diriger le crayon de l'artiste. Les figures du squelette manquent pour l'ordinaire de vérité, parce que les os dépouillés de leurs muscles, et réunis par des fils, ont rarement leur vraie position. Les cartilages n'y paraissent pas, les dimensions de chaque partie n'y sont pas observées. Albinus pour prévenir ces inconveniens, choisit un corps bien proportionné, qu'il dépouilla de ses chairs, sans toucher aux ligamens des os ; mais comme on pouvait craindre encore les erreurs de la perspective, il fit peindre le squelette à 40 pieds de distance, ce qui devait en rendre les erreurs insensibles pour un objet de cette grandeur.

Il n'est pas peut-être inutile d'indiquer ici un moyen aussi simple qu'ingénieux, de Félix Fontana, pour expliquer les préparations anatomiques, et les figures gravées qui les représentent ; au lieu de multiplier les lettres, qui deviennent trop nombreuses et trop embarrassantes , il enferme la figure dans une ellipse , autour de laquelle est gravée une suite de nombres naturels , et il fait partir de chacun de ces nombres, des lignes pointées, qui indiquent la partie qu'elles doivent faire remarquer.

Mais comme on ne peut pas toujours décrire exactement l'objet observé, ni en présenter une idée complète, en se bornant à celles que les sens peuvent en offrir; alors il faudra parler à l'imagination, en comparant l'objet qu'on veut représenter, avec d'autres objets bien connus ; on indique ainsi les parties d'une fleur par ses rapports avec celles d'une autre, en évitant pourtant d'imiter les anciens, qui ont ainsi donné naissance à des êtres imaginaires , comme les griffons, ou les premiers voyageurs dans l'Amérique, qui ont décrit des animaux et des plantes dont on ne peut se faire aucune idée.

CHAPITRE III.

Des définitions.

LES définitions fournies par l'observation doivent exprimer les attributs essentiels de l'objet observé, et en donner des idées suffisantes pour pouvoir le distinguer de tout autre. Les attributs qui entrent dans la définition d'un être perceptible par les sens, doivent être saisis par eux ; autrement la définition qui doit être le signe représentatif de l'objet, ne pourrait plus le caractériser.

Pour faire une bonne définition d'un objet, il faut en avoir acquis une idée claire par l'observation scrupuleuse de toutes ses parties, de tous ses rapports, de toutes ses différences, et par la connaissance de toute son histoire ; alors si l'on saisit ses attributs qui le distinguent essentiellement, si on les renferme dans une phrase courte, précise,

claire, et sans équivoque, on aura le portrait
en miniature de cet objet, ou sa définition.

Les définitions de l'histoire naturelle sont
pour l'ordinaire peu justes, parce qu'on ne
connait pas les objets avec assez d'exactitude,
pour les peindre avec précision; d'ailleurs
on n'est pas toujours sûr que les caractères
qui paraissent les mieux choisis soient les plus
propres pour peindre l'objet qu'ils doivent représenter. Il n'y a par exemple aucun caractère
assez tranché pour distinguer les quadrupèdes des autres animaux. Buffon observe, que
si on leur donne quatre pieds, les lézards en
ont quatre ; si c'est parce qu'ils sont vivipares,
les cétacées le sont aussi ; si c'est enfin d'être
couverts de poils, tous les quadrupèdes n'en
ont pas. On serait bien plus étonné si l'on
voulait définir les végétaux ; on trouverait
qu'il est très-difficile de les distinguer des
animaux, au moins si l'on fait attention aux
phénomènes particuliers qu'on peut et qu'on
doit observer dans ces deux règnes , pour
en avoir l'idée la plus juste.

Les définitions sont souvent vicieuses par

leur expression ; elles ne réveillent pas toujours les idées du naturaliste qui les a faites ;
soit parce que les mots sont mal choisis,
soit parce qu'ils sont mal employés. Les
mots sont des termes moyens entre les idées
et les objets ; l'idée doit produire le mot,
et le mot doit rappeler l'idée ; mais le sens
des mots n'est pas toujours tellement déterminé qu'il amène cet effet ; il y a une foule
de cas, où il faut bien connaître la chose
définie, pour entendre la définition.

On a fait tant de distinctions inutiles dans
la logique, qu'on perdrait son temps à les
rapporter ; mais en général, il est évident
que la définition d'un objet, doit le faire
connaître ; peut-être les définitions nomina-
les doivent-elles être préférées aux réelles.
Les premières consistent dans l'énumération
de quelques propriétés qui distinguent un
être de tout autre. Les secondes indiquent
comment une chose est telle qu'elle est, ou
comment elle peut être ainsi. Les premières
sont placées dans la nature, mais la science
découvre les autres. Les bons observateurs
n'ont qu'à voir la nature pour la peindre

d'une manière uniforme, tandis que les savans sont variables dans leurs définitions comme dans leurs idées, et bornés dans l'étendue qu'ils leur donnent, comme dans leur savoir.

CHAPITRE IV.

Des classifications.

LE nombre des objets perceptibles sur notre globe est trop grand, pour qu'un homme puisse les observer tous, ou les placer dans la mémoire d'une manière propre à se les rappeler facilement. La vie est trop courte pour jeter seulement un regard rapide sur tous les êtres créés, ou même seulement pour apprendre les noms bizares qu'on leur a donnés. Il fallait donc enregistrer les observations faites par la foule des obrervateurs et des voyageurs, pour en procurer la jouissance à ceux qui n'ont pu les faire. Chacun profitant ainsi dés travaux de ses prédécesseurs, peut s'en servir pour faire des découvertes nouvelles, et perfectionner la connaissance des objets observés.

L'éternel architecte de l'univers voit, dans

son intelligence infinie, toutes les parties de son ouvrage, formant par leur influence réciproque, l'ensemble du systême général; il juge l'importance de chaque pièce dans le tout; il connait chacune d'elles par ses qualités et ses rapports; mais l'Éternel seul peut avoir cette vue, et porter ce jugement.

Je conçois pourtant l'étendue de ces vastes génies qui, ont voulu renfermer la nature dans leur esprit, et la plier à la faiblesse de leur mémoire; animés par une curiosité dévorante, ils ont rassemblé ce qu'ils ont pu connaître, et ils l'ont enchaîné dans leur esprit par des liens propres à les réunir. On doit une grande reconnaissance à ces hommes rares, qui ont renfermé leur vaste science dans un étroit enclos, où chaque sujet a sa place, où l'on peut aisément trouver ce qu'on veut connaître, et le retrouver après l'avoir vu; mais ces beaux génies sont bien loin d'avoir découvert le vrai systême de la nature, et d'en avoir rassemblé les élémens. Ils sentent tout ce qui leur manque, et leurs efforts pour faire un systême artificiel, déposent sur l'inutilité de leurs travaux,

pour

pour en former un qui soit naturel. Le
système de la nature offrirait la réunion de
tous les êtres ; il montrerait les résultats de
leurs combinaisons innombrables pour pro=
duire le phénomène général : On y lirait
l'histoire de toutes les causes et de leurs
effets ; on y observerait le tissu de leurs
actions, et de leurs réactions réciproques ;
mais ce système est au-dessus de nos moyens
d'appercevoir, il serait trop grand pour
nos conceptions ; il est sans doute hors de
mesure avec les facultés des intelligences
finies

C'est pour cela que les nomenclateurs ont
partagé la nature en différens départemens
qu'ils ont disposés suivant leurs vues. Le
botaniste a cherché une formule générale,
pour ranger toutes les plantes ; le zoologue,
pour lier tous les animaux ; le minéralogiste,
pour réunir les minéraux. Chacun dans son
genre a fait des essais particuliers, et cha=
cun a donné l'ordre qu'il a imaginé, pour
celui de la nature.

Cependant les nomenclatures sont indis=

pensables, malgré leurs imperfections. Comment se reconnaître au milieu de cette foule d'êtres différens ? Comment les distinguer avec leurs variétés indéfinies. Il fallait les étiqueter pour pouvoir les reconnaître, et leur assigner une place pour les retrouver; autrement ces êtres seraient perdus dans l'univers pour l'observateur, comme un livre déplacé dans une grande bibliothèque. C'est peut-être parce que les anciens manquèrent de nomenclatures, que leurs progrès dans l'histoire naturelle ont été si bornés. On ne cherche pas à augmenter un fonds dont on ignore la valeur, et à enrichir une collection dont on ne connaît pas les êtres qui la composent. La botanique n'a fait de si grands progrès, que parce qu'on l'a sou-mise de bonne heure à une méthode qui soulage la mémoire, qui ordonne ce qu'on découvre, qui montre dans un instant tout ce qu'on possède, et qui le tient toujours sous la main du propriétaire; à cet égard, Linné a rendu un service signalé à l'histoire naturelle; il a disposé les plantes d'une manière propre à les réunir, et à faciliter les moyens de les retrouver; il fallait un puissant génie pour embrasser toutes leurs espèces, pour saisir les différences qui les séparent, avec les ressemblances qui les rapprochent ; il fallait la force de sa raison et de sa logique pour les mettre à leurs places dans leurs classes, leurs ordres, leurs genres, etc. Il fallait enfin son art d'observer, et la justesse de son esprit, pour les représenter par des mots avec cette précision, cette brièveté, et cette vérité qui fait de chaque phrase un dessin fidèle de la plante mise sous les yeux.

Quand les philosophes se furent environnés des êtres de l'Univers, ils sentirent la difficulté de les employer au profit de la science, sans y mettre un ordre qui aurait été encore plus utile ; si l'on n'avait pas prétendu qu'il était l'ordre de la nature elle-même : c'est ainsi que les naturalistes divisèrent la nature en trois départemens généraux, qui renfermaient tous les objets de nos connaissances sur les êtres matériels ; mais ils allèrent trop loin, quand ils prétendirent que cette division artificielle devait entraîner la division elle-même de la nature, qui est toujours une dans ses divisions apparentes. Ces trois départemens généraux, fort bien imaginés, imposèrent aux philosophes l'obligation de les sousdiviser encore, pour connaître chacun d'eux en détail ; ils firent pour cela des classes, où ils rapprochèrent les êtres les plus voisins par leurs ressemblances ; mais comme ces divisions étaient encore trop considérables, ils les diminuèrent en cherchant parmi les êtres qui les formaient des caractères plus particuliers de ressemblances, afin d'avoir de nouveaux signes pour de nouvelles subdivisions ; en répétant ces opérations d'après ces principes, on est presque parvenu à renfermer chaque espèce dans des districts assez resserrés pour les reconnaître facilement ; tels sont les principes fondamentaux de tous les systèmes botaniques, zoologiques et minéraux.

Il est aisé de comprendre que ces classifications sont le fruit d'une longue observation : on ne saurait disposer convenablement dans un certain ordre, que ce qu'on a bien connu, et l'on ne peut penser à faire cette disposition, que lorsqu'on se voit accablé par le nombre des êtres dont on s'occupe.

Entre les différentes méthodes imaginées, il y en a qui mériteraient davantage l'attention, si elles avaient pu remplir les vues de leurs auteurs : telles sont celles que l'on appelle naturelles. Elles sont certainement plus philosophiques, et elles seraient plus faciles si elles étaient plus parfaites. Ces méthodes n'ont aucun caractère exclusif, chaque partie des êtres qu'on veut ordonner est employée pour les faire connaître; on rassemble dans une même famille tous les êtres qui ont le plus d'analogies réunies, les caractères particuliers se dessinent par les différences qu'on apperçoit. Enfin, on complète ces descriptions, et on les rend intéressantes en apprenant l'usage des êtres ordonnés; mais il faut avouer aussi que ces méthodes ne peuvent avoir rien de stable, parce qu'on ne connait pas tous les êtres qui peuvent y entrer, et qu'il pourrait y en avoir qui dérangeraient la méthode ; outre cela on ne connait pas assez bien l'organisation de ces êtres, qui me semble plus qu'on ne pense le fondement de ces méthodes, puisqu'elle est la cause de toutes les différences apparentes qu'on observe. Enfin, quant à présent, les méthodes artificielles ont tous les avantages des méthodes naturelles, avec celui d'offrir des divisions plus tranchées et plus faciles à reconnaître.

Il faut pourtant avouer que les méthodes naturelles remplaceront un jour les méthodes artificielles ; mais ce sera seulement lorsque nos connaissances des êtres naturels seront plus approfondies, lorsque nous connaîtrons assez leur organisation pour juger l'influence de leur intérieur sur les parties extérieures ; en un mot, lorsque ces êtres nous fourniront des idées claires et distinctes de tous leurs organes, et de leurs actions réciproques. On sent bien mieux aujourd'hui le prix des méthodes naturelles que lorsqu'elles furent inventées, et on le sentira tous les jours davantage, à mesure que l'on fera plus de progrès dans la connaissance particulière des parties des différens êtres qu'elles doivent classer. Je crois même que les naturalistes doivent étudier avec soin les deux méthodes, si l'artificielle facilite les moyens de reconnaître chacun des êtres qu'on rencontre ; la méthode naturelle qui est vraiment plus philosophique, ouvre le chemin à des découvertes importantes ; elle fait connaître les êtres qu'elle indique par leurs rapports ; elle fournit des idées sur leur organisation, sur la manière de les étudier ; elle peut même présenter d'abord les êtres de la série qui pourraient être utiles aux vues qu'on se propose ; mais dans l'étude de la nature qui est si difficile, n'est-il pas heureux de s'environner de tous les moyens qui concourent pour la rendre plus aisée, et pour augmenter à tous égards ses progrès ? On commence déjà à voir dans la minéralogie de Hauy que la méthode pour classer les minéraux est bien plus complète que celles qu'on emploie pour les animaux et les plantes ; mais ces êtres inorganisés se prêtent bien mieux aux observations des philosophes par leur nombre qui est plus petit, par leurs formes qui sont mieux caractérisées et plus régulières, par leurs rapports qui sont plus exacts ; dirai-je, par leur nature qui est moins complexe et plus facile à analyser.

D 4

En général, pour rendre les classifications utiles; il faut peindre leurs objets de manière que chacun puisse les reconnaitre quand il les rencontre; ce qui ne pourrait arriver, si l'on tirait ces traits caractéristiques de ceux qui dépendent des circonstances particuliè-res, comme le pays, les propriétés, la culture.

Il faut soigneusement éviter toutes les équi-voques; chaque trait doit être parfaitement distinct. On appelle *retortuna* une plante dont le fruit ressemble à un tire-bourre; ce nom pourrait pourtant convenir aux luzernes, qui ont un fruit semblable, mais plus court.

Quoique les petites différences méritent l'attention, il ne faut pas en faire un trop grand usage; parce qu'elles ne sont pas assez sensibles, et peuvent induire en erreur. Guettard, en parlant des glandes des plantes, qui offrent quelque chose de caractéristique dans plusieurs végétaux, remarque qu'il faut être très-circonspect dans leur emploi, comme caractère spécifique, quoiqu'il soit utile comme caractère générique. Le naturaliste voit mieux la nature en grand que dans ses petits replis.

Hauy, dans sa savante minéralogie, observe avec raison que les classifications ne doivent pas toujours s'arrêter aux espèces; il remarque à cette occasion que les minéraux se ramifient souvent en plusieurs sous-divisions, dont les différences beaucoup plus tranchées que les nuances légères et fugitives qui forment les variétés des botanistes, présentent les résultats distincts de diverses opérations de la nature. Ainsi dans l'espèce calcaire les diverses formes crystallines, les stalactites, les marbres etc., sont autant de modifications d'une même substance qui méritent d'être observées, et étudiées séparément. Il en sera de même pour la botanique et la zoologie; à cet égard les méthodes naturelles feront toujours mieux sentir, quand elles seront plus perfectionnées, que ce qu'on croit une variété, et ce qu'on néglige trop sous cette acception mérite une attention plus réfléchie.

A l'égard des noms, on ne doit pas aisément se permettre de les changer, parce qu'on dérange souvent les idées qu'on s'était faites des choses ; il serait à souhaiter que les noms employés fussent des portraits de l'idée qu'ils doivent laisser ; mais il ne faut pas oublier que la multitude des noms nuit à l'avancement des sciences, qu'il faut diminuer les synonymes, et rétablir ainsi la précision de la nomenclature que le nombre des mots rend toujours plus difficile.

Les nomenclatures n'atteignent pas encore parfaitement leurs buts, soit parce qu'elles sont mal faites, soit parce qu'il n'est pas encore possible de les mieux faire. La plupart de ces méthodes sont remplies d'exceptions, et nos connaissances sont trop bornées pour trouver la loi générale qui pourrait les renfermer toutes. Il y a des cas qui confondent la sagacité de tous les auteurs systématiques. Réaumur emploie le port des aîles comme un caractère distinctif pour classer les papillons ; cependant il y a des papillons dont le port des aîles n'est pas le même pour le mâle et la femelle ; ce qui placerait le premier dans un genre et la seconde dans un autre ; cela ne saurait être naturel.

Les méthodes qui sont inutiles pour apprendre l'histoire naturelle, parce que leurs descriptions sont pour l'ordinaire trop restreintes pour fournir l'histoire des objets, deviennent quelquefois un obstacle aux progrès de cette science, parce qu'elles confondent les faits analogues, rassemblent des êtres qu'on est étonné de trouver ensemble, et en séparent qui paraissent faits pour être réunis. Il arrive même qu'en s'accoutumant à voir dans la nature ces divisions, on se persuade qu'elles y existent véritablement. Les microscopes d'Ellis tirèrent les corallines du règne végétal, pour en faire des ruches d'animaux. Cependant la classification de Linné en imposa long-tems à Mylius, qui a étudié et décrit un zoophyte comme une plante, quoiqu'il en eût prouvé l'animalité.

Ces réflexions n'empêchent point de sentir l'indispensable nécessité des nomenclatures et des méthodes pour l'avancement de l'histoire naturelle; elles seules apprennent à distinguer les êtres entr'eux, à les remarquer avec discernement, et à étendre ces distinctions aux êtres qui sont moins connus; sans ces méthodes, les naturalistes seraient au milieu des êtres qu'ils ramassent, comme un homme placé au milieu d'une épaisse forêt, sans guide et sans boussole.

Les méthodes facilitent les moyens d'épuiser ce qu'on croyait inépuisable, et de voir ce qu'on n'aurait pas imaginé la possibilité de passer en revue; on a compté les plantes, les insectes, les astres connus; on a trouvé 25000 plantes, 2000 étoiles visibles à l'œil.

Les méthodes semblent resserrer les bornes de la nature, en réduisant à un nombre fini d'objets des suites qu'on croyait infinies; elles augmentent le courage en montrant la possibilité de parcourir les êtres connus, et en donnant l'espérance de leur en ajouter de nouveau.

Toute la logique, comme je l'ai toujours cru, se borne pour l'observateur à saisir les ressemblances et les différences qui existent entre les êtres; elle consiste donc à connaître les objets en eux-mêmes, et par leurs rapports, ce qui conduit nécessairement à pénétrer mieux les objets inconnus en employant les mêmes moyens. " Ainsi, comme le dit fort bien Hauy, classer les êtres d'un même règne, c'est établir entr'eux une comparaison suivie, d'après les rapports qui les lient et les différences qui les séparent; mais cette comparaison ne doit rien prêter à l'arbitraire; si le moyen choisi pour l'établir est celui qui dévoile là composition intime ; le fond de chaque substance apprend ce qu'elle est en elle-même, plutôt que celui qui en montre les alentours, ou tout au plus les effets extérieurs, „ *Discours préliminaire du Traité de minéralogie.*

On peut regarder comme un avantage que les méthodes procurent, de mettre l'imagination à l'aise, en lui offrant une grande suite d'êtres, dans des tableaux en miniature plus ou moins bien ordonnés, qu'elle peut saisir avec plus ou moins de facilité.

On doit se persuader que les nomenclatures ne sont que des index plus ou moins bons, plus ou moins commodes; elles sont des fils pour réunir les parties de la nature ; mais on ne saurait les considérer comme des moyens pour l'expliquer. Il n'est pourtant pas impossible que ces indices servent à cet usage, en rapprochant des objets que l'on n'aurait pas pensé à voir ensemble ; cependant ces rapprochemens fournissent des sources d'explications dont Spallanzani s'est servi heureusement dans ses divers ouvrages.

CHAPITRE V.

Des compilations d'histoire naturelle.

On doit sans doute beaucoup de reconnaissance à ces hommes laborieux, qui affrontent la lecture de tous les livres, qui rassemblent sous des chefs particuliers les faits différens qu'ils rencontrent, et qui offrent aux méditations des philosophes, cette masse d'observations qu'ils ont sorties de la poussière où elles étaient ensevelies. Tels sont les ouvrages d'Aristote et de Pline, pour les anciens ; tels sont ceux d'Aldrovande et de Bomare, pour les modernes.

Plusieurs écrivains font ces recueils pour amuser la curiosité et l'oisiveté de ceux que l'ordre, la méthode et les détails exacts pourraient rebuter ; mais ils servent encore la science en demandant l'attention des savans, que tous les faits doivent plus ou moins fixer, et en vivifiant pour les connaissances une foule d'ames qui avaient besoin d'une forte impulsion pour être portées à les acquérir. *Le spectacle de la nature* inspira le goût de l'histoire naturelle à Charles Bonnet dans son enfance, par la lecture de l'histoire du fourmilion.

Les compilateurs répandent la science en la mettant à la portée de tous les hommes, et en la présentant sous des dehors faciles, qui piquent la curiosité sans repousser par les difficultés, que des recherches un peu approfondies font bientôt remarquer ; mais il faut avouer aussi, que si ces écrivains n'ont pas bien étudié les matières qu'ils traitent ; s'ils adoptent sans discernement tout ce qu'ils trouvent sans examen ; s'ils n'ont pas comparé les portraits qu'ils copient avec la nature qu'ils veulent faire connaître ; s'ils n'ont pas corrigé les fautes de dessein, ou de ressemblance ; s'ils croient être à l'abri de toute responsabilité, quand ils indiquent les sources où ils puisent ; ils peuvent s'exposer à propager l'erreur, et ils la rendront plus dangereuse en la couvrant de leur autorité. Combien de personnes ont été trompées de cette manière par le *spectacle de la nature*, et par tant d'autres ouvrages plus savans.

ESSAI

ESSAI

SUR

L'ART D'OBSERVER

ET DE

FAIRE DES EXPÉRIENCES.

QUATRIÈME PARTIE.

L'observateur, interprète de la nature.

CHAPITRE I.

Les observations et les expériences conduisent à la connaissance des causes des phénomènes.

On ne fixe pas long-temps son attention sur un objet sans avoir un but qui la détermine ; on cherche communément les causes des phénomènes qui arrêtent les regards, et l'on ne parviendrait pas à en acquérir la connaissance, si l'on ne réunissait pas une description fidèle des effets qu'ils présentent, avec la découverte des moyens qui les produisent. Ce serait une connaissance vraiment stérile que celle qui se bornerait à manifester les rapports des faits avec les sens ; il y en a encore qui sont aussi importans pour le philosophe ; ce sont les rapports que ces faits peuvent avoir avec les êtres qui les environnent. Il sera toujours très-curieux de pénétrer le jeu des parties dans les êtres organisés, leur subordination, leurs effets, la cause de leurs opérations et de leur développement.

L'observateur doit donc travailler à tirer parti de ses observations pour remplir les grandes vues qu'il doit toujours se proposer ; son ame ébranlée par les impressions des sens réagira sur elle-même, pour se rendre compte de ses sensations ; mais c'est ici qu'il éprouvera de nouvelles difficultés, et que s'il croit avoir tout fait parce qu'il a saisi son objet par ses sens, il trouvera qu'il a encore presque tout à faire pour se servir utilement de ses observations.

Il n'y a rien sans doute qu'un homme d'esprit ne puisse bien ou mal expliquer; il n'y a eu aucun phénomène qui ait étonné le génie de Descartes; il savait même si bien masquer la témérité de ses explications, qu'il a long-temps trompé les autres après s'être toujours trompé lui-même. Les traits du génie frappent tellement ceux qui les apperçoivent, qu'ils ne leur permettent que le sentiment de l'admiration, sans leur laisser la ressource de l'examen. Dirai-je, à la honte des philosophes, qu'ils ont souvent voulu expliquer des faits sans s'assurer préliminairement de leur existence. L'histoire de la dent d'or, racontée par Fontenelle, est le titre d'un long chapitre, où la plupart des philosophes romanciers fourniraient d'amples paragraphes. Combien de faits expliqués d'une manière presqu'également satisfaisantes par des voies tout-à-fait opposées? Croirait-on que les mêmes argumens, employés pour expliquer les variations de la hauteur dans le baromètre, considérées comme les

prognostices du tems, sont alors aussi lumineuses pour expliquer la chûte du mercure
ou son ascension.

Il faut donc que l'observateur revienne à
cette marche ferme et sûre qui l'a dirigé dans
l'étude des faits ; les mêmes moyens qui l'ont
garanti de l'erreur dans l'observation , le
conduiront jusques à leurs causes.

L'observateur connait les parties, les propriétés, les effets des objets qui l'occupent ;
il rassemblera donc toutes les idées que ses
sens lui ont offert pour y chercher celles
que leur rapprochement peut et doit produire ;
il combine les circonstances des faits observés avec leurs modifications ; il saisit leurs
ressemblances et leurs différences ; il les compare avec d'autres faits analogues qu'il peut
connaître , et il découvre les causes qu'il
cherche.

L'enchaînure des rapports qu'un être peut
avoir avec tous les autres, la filiation de ceux
que l'attention présente à la raison , qu'elle
développe et qu'elle démontre ; leur conver-

gence autour d'un rapport plus général, ou leur dépendance mutuelle de ce rapport, établie de manière qu'elle accompagne les phénomènes qu'il présente dans toutes ses circonstances, et qu'elle produise tous les effets qui le constituent ; en un mot, cette vue claire et détaillée de la marche de la nature dans la production de ces effets, ou d'un seul, forme ce qu'on appelle *la Théorie d'un phénomène, ou son explication.*

Lorsque les faits manquent dans une recherche, ou lorsque les faits importans sont encore à trouver, ou enfin, lorsque les uns et les autres ne sont pas assez connus pour les lier ; il paraît nécessaire de suspendre son jugement. Trembley voit les polypes chercher la lumière, il était naturel de se demander, ont-ils des yeux ? Il les étudie avec les meilleurs microscopes sans découvrir cet organe, mais il ne prononce pas qu'ils en soient privés.

Il est toujours important d'observer des faits, il faut les enregistrer avec soin, les revoir souvent avec attention ; le temps viendra où ils pourront offrir des rapports

qui permettront de pénétrer leur liaison avec
les autres êtres, et de les mettre à leur place
dans le système de la nature. On connaissait
les lois de la gravité, on voyait tous les
mois les flots suivre les mouvemens de la
lune, mais la cause du flux de la mer n'é-
tait pas moins ignorée. Le vaste génie de
Newton conçoit les rapports de ce phénomène avec les lois qui président à la chute
des corps, et il saisit les rapports du flux
de la mer avec l'effet que devait produire
la gravitation de cette planète sécondaire.
On voyait téter les enfans depuis le commencement du monde, mais on ne pouvait
sentir le poids de l'air qui poussait le lait
dans leurs bouches, comme il fait jaillir
l'eau dans les pompes aspirantes. Toricelli
fut le premier qui le démontra il n'y a guère
plus d'un siècle.

Un grand nombre de philosophes n'étudient que les effets qu'ils espèrent de pénétrer,
et ils négligent les autres, soit par paresse,
soit par la crainte de faire des efforts inutiles.
Il faudrait se persuader qu'on sert utilement
la science, en augmentant son domaine, en

expliquant quelques-uns de ses secrets, lors même qu'on ne pénètre pas tous les sens qu'ils peuvent avoir, ou qu'on ne parvient pas à les effleurer. Les faits sont toujours des pierres nécessaires, dans le vaste bâtiment que le génie pourra élever un jour, et qu'il aurait sans doute élevé s'il les avait eu ; ils lui offriront des rapports qui lui en feront appercevoir d'autres. Il est fâcheux que tant d'observateurs glissent sur les effets qu'ils desespèrent d'expliquer; plus occupé de leur gloire particulière, que jaloux du progrès de la science, ils ne réfléchissent pas que leurs recherches, qu'ils croyent oiseuses, parce qu'elles ne les environnent pas de lumière, ne sauraient être sans fruit; que leurs travaux auront une fois leur utilité, et qu'une observation opiniâtre pourrait mettre sous leurs sens, ce qu'ils ont cru vaine-ment pouvoir trouver d'abord. Telle est la raison pour laquelle tant de faits restent dans les ténèbres ; c'est sans doute pour cela qu'on a négligé l'examen des correspondances remarquées entre les diverses parties du corps humain, quoi qu'un grand nombre d'effets de l'économie animale paraissent en dépendre.

Les difficultés qu'on éprouve dans la recherche de la vérité, aiguillonne le génie et lui donnent des forces pour les surmonter, on le connait bientôt à la vigueur et à la constance de ses attaques. Il ne s'amuse pas à compter les barbes d'une plume, à dessiner ses taches ; il promène ses regards avides sur la nature, il cherche les rapports généraux des êtres qui la composent, il distingue ces faits fondamentaux qui doivent ordonner le chaos de nos idées, il s'élance jusques à la source de la lumière, il y allume son flambeau, et il l'approche de tout ce qui résiste à ses efforts. C'est ainsi que Newton trouve dans la gravité le ressort de la nature, et que Bonnet lit dans l'œuf d'un poulet, l'histoire de l'économie animale et végétale.

CHAPITRE II.

De l'explication des phénomènes.

Pour expliquer la nature avec fidélité, il faut l'avoir observée avec soin ; elle seule peut découvrir les rapports qui formeront cette explication ; pour les saisir il faut connaître parfaitement les effets qui en sont les objets immédiats ; autrement on pourrait imaginer des théories qui conviendraient à ce qui est connu , mais qui pourraient être bientôt détruites par des faits inconnus ou négligés. Toutes les parties de la nature étant étroitement liées , on ne saurait croire qu'un phénomène a été bien expliqué ; si son explication a été contredite par d'autres, et si elle ne peut s'appliquer aisément à tous les phénomènes du même genre.

Expliquer un phénomène, c'est trouver ses rapports avec les êtres qui agissent sur lui, et sur lesquels il a quelque influence ; s'il était sans rapports il serait inexplicable ; on ne saurait arriver à lui que par ses rapports avec les sens, ou avec d'autres objets qui agiraient sur eux ; de sorte que si ces deux ressources manquaient, ce phénomène serait incompréhensible. Pour expliquer un phénomène, il faut trouver la cause de son existence, de sa conservation, de ses modifications, ou comme je le disais, il faut découvrir les rapports du phénomène avec tout ce qui peut le produire, le conserver, le modifier et le détruire.

Quand on voit deux effets se suivre constamment, de manière que le second paraisse toujours, parce que le premier l'a précédé, on peut conclure que le premier est la cause suffisante du second. On dit ainsi que la lune est une cause du flux et du reflux de la mer, parce que les eaux de l'Océan s'élèvent toutes les fois que la lune s'approche de leur méridien, et qu'elles s'abaissent lorsque cet astre s'en éloigne.

De même, s'il arrive toujours quelque

changement à un être lorsqu'un autre s'en
est approché, on peut regarder probablement
ce dernier, comme la cause du changement
arrivé au premier. Toutes les fois qu'on approche un aimant d'une torpille, elle s'y attache,
s'agite et meurt, quand l'action de l'aimant
sur elle a été prolongée ; on peut donc dire
avec Schilling, que l'aimant a produit cet effet
sur la torpille. Mais si le second effet n'ar-
rivait jamais qu'après le premier et sans l'in-
tervention d'un autre, on conclurait avec raison que le premier est la cause immédiate du
second ; cependant si l'on observait quelquefois
le premier effet, sans être suivi du second, ou
bien si l'on voyait de même le second, sans
être précédé du premier, on pourrait le regarder comme une cause accidentelle, ou
comme une cause qui ne serait pas indispensable. Ainsi si l'on remarquait plusieurs effets entre le premier et le dernier,
et s'ils concouraient tous à la production de
celui-ci, ils en seraient des causes plus ou
moins éloignées, suivant qu'ils approcheraient
plus ou moins de la cause la plus prochaine :
C'est ainsi que l'action du briquet sur un
caillou est la cause du feu qu'on voit étin-

celer, lorsqu'on le frappe. Quand on a observé que la chaleur accompagne quelquefois la lumière, on ne peut pas conclure que la lumière soit toujours produite par le feu qu'on voit, puisque la chaleur obscure des métaux prêts à rougir est toujours très-vive, et que la lumière des vers luisants est sans chaleur sensible. Enfin, quand on considère l'évaporation des eaux de la mer comme la source des rivières, il faut mettre au rang des causes concomitantes de ce phénomène, l'air, la chaleur, le refroidissement dans les parties supérieures qui forment les nuages, les brouillards ; les montagnes qui les arrêtent, qui leur font distiler l'eau qu'ils renferment, soit en leur ôtant la chaleur qui les a vaporisé, soit par la compression qu'ils éprouvent ; enfin, la couche d'argile, qui retient l'eau distilée à la surface de la terre, et la pente qui la ramène à la mer, pour recommencer cette circulation.

L'idée d'un effet se forme par l'observation d'un changement arrivé à un corps ; ce qui produit ce changement crée l'idée de la cause.

La cause d'un phénomène doit être suffisante pour le produire ; si elle était trop petite, il faudrait la rejeter, comme inutile ; ainsi, l'action seule de la lune sur les eaux de la mer, ne saurait être la cause suffisante du flux et du reflux de la mer, quoiqu'elle y concoure d'une manière considérable, parce que les effets seraient plus grands, que ceux qu'on doit naturellement attendre ; mais cette cause devient suffisante, en combinant l'action du soleil avec celle de la lune.

La cause cherchée d'un phénomène, doit contribuer à la conservation de l'effet produit, et à sa reproduction, lorsque les mêmes circonstances se rencontrent. La lumière ne saurait être la cause de la gravité, comme quelques physiciens l'ont cru, parce que les corps tombent également pendant le jour et pendant la nuit.

Une cause trop forte pour un effet, doit être rejetée, parce qu'il y a toujours une proportion entre tous les deux. La cause qui forme les trombes du cap de BonneEspérance, expliquerait mal celles qu'on voit quelquefois sur le lac de Genève, à moins de proportionner son énergie à la petitesse de l'effet produit; mais alors, il serait possible que d'autres causes concourantes, remplaçassent la cause soupçonnée.

Il y a cependant de petites causes qui produisent de grands effets; mais ce jugement sur la mesure de la cause, peut être celui de notre ignorance, il est formé seulement parce qu'il est possible d'appercevoir dans le premier moment. On s'étonne que quelques coins de sapin mouillés, enfoncés dans des trous, fassent tomber des quartiers de rocher, que le marteau ne peut abattre qu'après un temps très long; mais on ne calcule pas la force que le bois déploie en se gonflant; on ne comprend pas mieux d'abord comment la chúte continuelle de l'eau sur les rocs, parvient à les creuser au bout d'un certain temps, parce qu'on ne réfléchit pas qu'une cause très faible, toujours active, produit des effets considérables.

La proportion des causes aux effets, n'est pas de même, en apparence toujours rigoureuse. La proportion de l'évaporation de l'eau, est à peu-près proportionnelle à l'augmentation de la chaleur ; cependant l'eau versée sur le verre fondu y conserve assez long-temps sa nature fluide, suivant l'observation des verriers, de Deslandes, et surtout de Spallanzani.

Une cause doit se présenter clairement à l'esprit, elle ne doit au moins laisser aucun doute sur son action ; on n'hésite pas à reconnaître que le lever du soleil est la cause de la renaissance de la lumière, de l'augmentation de la chaleur et de l'évaporation. Une cause obscure ne saurait être le fruit d'une observation claire et directe. On ne peut démontrer que l'électricité soit la cause de la grêle, des aurores boréales, des globes de feu, qui roulent quelquefois dans l'atmosphère, quoique cela ait paru jusques à un certain point probable. Pourquoi tant de physiciens sont-ils incompréhensibles aux autres ? C'est sans doute parce que la nature ne leur a point appris les explications qu'ils donnent. La physique des anciens, celle de Descartes, et surtout celle des Cartésiens est fondée sur des moyens imaginaires, sur des combinaisons de sec et d'humide, de chaud et de froid; sur des élémens crochus, anguleux, pointus, ronds, sur des tourbillons qu'on fait agir, sur des fluides qu'on amène, sur des acides et des alkalis qu'on imagine pour les réunir et les séparer à son gré. Ces physiciens sont plutôt les inventeurs de leurs explications, que les observateurs des phénomènes qu'ils veulent expliquer.

Pour expliquer un effet, il faut analyser ses détails, saisir ses rapports, s'élever graduellement à des idées plus générales, en suivant les rapports particuliers qu'il peut avoir; si l'on sait ensuite enchaîner ses rapports, les mettre à leur place, il est bien difficile de laisser échapper la cause qu'on cherche. Newton voit la lumière dans le soleil, il la montre courbée diversement dans différens milieux; il apperçoit que tous ses élémens ne se courbent pas de la même manière, qu'elle est composée de sept rayons différemment réfrangibles et colorés, il voit ces rayons peindre tous les corps; en un mot,

mot, il rend sensible par une suite d'expériences simples, ingénieuses, tranchantes les différentes propriétés de la lumière.

Enfin, les causes des phénomènes doivent être tellement dans la nature des choses, qu'on puisse les manifester aux sens, ou du moins les démontrer rigoureusement à la raison; autrement il n'est pas bien difficile, avec un peu d'imagination, d'expliquer tout, en se servant des causes qu'on aura fabriquées pour cela. Je me rappelle les qualités occultes, les natures plastiques, les élémens de Descartes, la matière subtile, les tourbillons, cet éther si débattu qu'on ne saurait raisonnablement admettre ou nier; les esprits animaux, les laboratoires de chimie placés dans les corps organisés, et dans l'atmosphère etc.: chacun dispose à son gré de ces matériaux flexibles, qui sont les supplémens du génie et des bonnes observations, mais qui ne sauraient jamais les remplacer.

On doit toujours se défier de ces êtres de raison, qu'on glisse dans la nature; ils peuvent devenir probables quand ils facilitent l'explication des phénomènes, et quand ils se prêtent à tous les cas observés : si le philosophe qui les emploie peut dire que les effets expliqués paraissent avoir les causes qu'il annonce, et peuvent être produits par elles ; il me semble qu'il ne peut pas dire : voilà la vraie formule de la nature, car il faudrait qu'il en donnât la démonstration rigoureuse. Telle a été la théorie du phlogistique qui a séduit par ses apparences de vérité, mais qui a été bientôt dissipée par la théorie pneumatique ; celle-ci explique les mêmes phénomènes ; elle en explique un nombre beaucoup plus grand, et elle met presque sous les sens toutes les substances qui y jouent un rôle.

On doit bien sentir que cette façon de considérer les êtres imaginaires, ne doit pas s'étendre aux matières magnétiques et électriques, ou aux effluences odorantes et salines, dont il est possible de constater l'existence par les sens, et de vérifier les effets par des expériences.

Il faut donc renfermer le lieu des causes

dans les bornes de l'observation. La nature agissant sur les corps, par le moyen d'autres corps, semble mettre sous les sens la plupart des causes qu'elle emploie; et s'il y a des corps qui échappent aux sens par leur subtilité, comme je suis très porté à le croire, je n'en conclus pas moins que les bornes de nos sens deviennent presque celles de nos connaissances réelles.

Il peut y avoir pourtant des théories mécaniques, fondées sur l'action de quelques corps d'une extrême subtilité, qui expliquent les phénomènes avec tant d'élégance, qui résolvent les objections avec tant de plénitude, qui sont supérieures à toutes les autres par leur généralité et leur précision mathématique, qu'il serait impossible de repousser de la nature, l'existence de ces êtres qui semblent liés avec elle d'une manière si étroite. Quel que soit le danger de ces arrangemens, on ne peut se dissimuler qu'il y a des cas où cela parait indispensable, comme par exemple dans l'optique de Newton et la théorie de Lesage sur la cause de la gravité ; mais il faut reconnaître aussi que ces cas sont infiniment rares.

On remarque pour l'ordinaire un rapport entre les causes d'un phénomène et l'ensemble des lois de la nature ; les effets qui sont liés entr'eux, doivent montrer le même lien entre leurs causes ; mais parce que diverses choses sont liées entr'elles, il ne s'ensuit pas que l'une soit constamment la cause de l'autre ; il peut sans doute y avoir quelques probabilités pour le croire : cependant les rapports qui les fondent, peuvent être des rapports de co-existence, sans être des rapports de succession, ou de cause à effet. Tel est le retour des hirondelles et la naissance des feuilles qui ont une cause commune.

Enfin, quand une cause unique ne suffit pas pour expliquer un effet, il ne faut pas craindre d'en réunir plusieurs, lorsqu'elles sont clairement indiquées. La nature n'est ni moins grande, ni moins belle en employant diverses causes pour produire un effet, qu'en l'opérant avec une seule. Les moyens pour amener un grand effet ne peuvent être ceux qui suffisent pour en opérer un plus petit, comme les causes qui font marcher une montre à répétition sont plus compliquées que celles qui font cheminer une montre simple. Un certain effet peut exiger une combinaison de causes inutiles pour un autre effet. La nature est simple, parce qu'elle emploie précisément les moyens nécessaires pour produire les effets qu'elle développe. Si la combinaison de tous les rapports forme le phénomène général, la combinaison de quelques-uns peut concourir à la formation d'un phénomène particulier. On ne comprend pas comment au milieu des phénomènes géologiques, qui semblent dénoncer aux sens plusieurs causes variées ; quelques naturalistes ont voulu se borner à l'emploi d'une seule, et se sont exposés à être contredits par la nature dans tout ce qu'ils ont négligés d'y voir. Quelques-uns n'apperçoivent que l'action des eaux pour produire les phénomènes ; d'autres ne reconnaissent que celle du feu ; il y en a qui ne voyent que celle des gaz qui s'échappent ; quelques-uns n'admettent qu'une seule époque pour produire ce qu'ils observent ; d'autres en distinguent plusieurs ; on en trouve qui ne font agir le feu et les eaux que d'une seule façon ; d'autres combinent leur action de mille manières. N'est-on pas plus conforme à la vérité en suivant les indices de la nature, qui montrent les montagnes primitives comme le produit d'une dissolution particulière, dans un temps, où les autres montagnes n'existaient pas, tandis que les autres montagnes paraissent formées par des dépôts amenés par les eaux ? Les volcans ont soulevé le fond des mers et vomi cette prodigieuse quantité de matières vitrifiées, qui forment ces volcans éteints qu'on remarque dans divers endroits. Cette variété d'effets annonce manifestement une origine et des époques différentes ; l'état du globe semble le confirmer ; il paraît avoir subi des révolutions, dont il est impossible de fixer l'époque, de soupçonner les causes, et de tracer la marche.

Quand il y a une grande complication de causes, il n'est pas toujours aisé de les distinguer et de leur assigner leurs rôles, sur-

tout si leur influence particulière est petite :
C'est ici qu'il faut réunir la sagacité, l'adresse,
la patience, l'exactitude pour les découvrir
et les évaluer. Déluc est parvenu, dans ses
recherches sur les lois de la dilatation de
l'atmosphère, à apprécier deux causes tellement compliquées, qu'il était difficile de
démêler leur influence particulière dans l'effet
total ; savoir : la chaleur et la diminution
de la pression verticale des couches de l'atmosphère les unes sur les autres ; la comparaison de 400 observations, faites pendant
cinq ans, lui donna la solution de ce problême.

Lorsque les causes sont complexes, la
connexion des effets peut indiquer celle des
causes ; on juge la possibilité de leur réunion, quand elles n'ont rien qui répugne
entr'elles, et quand on s'apperçoit qu'elles
peuvent produire l'effet qu'on explique de
cette manière.

Laplace observe fort bien dans son beau
Mémoire sur le flux et le reflux de la mer, qu'on
trouve dans les *Mémoires de l'académie des*

sciences de Paris, pour 1790, que dans le genre d'observations, où mille causes accidentelles peuvent altérer la marche de la nature, il est nécessaire d'en considérer à la fois un grand nombre, afin que les effets des causes passagères, venant à se compenser les uns par les autres, les résultats moyens ne laissent appercevoir que les phénomènes réguliers ou constants. Il faut encore par une combinaison avantageuse des observations, faire ressortir les phénomènes que l'on veut déterminer, et les séparer des autres pour les mieux connaître ; en s'écartant de cette méthode, on s'expose à prendre pour une loi de la nature, ce qui n'est que l'effet d'une cause accidentelle.

Pour faciliter la recherche des causes d'un phénomène, il faut diminuer, autant qu'on le peut, le nombre des effets qu'on examine, en écartant d'abord pour un temps, ceux qui paraissent peu liés avec le nœud de la question ; en distinguant ce qui est accidentel de ce qui est constant, et ce qui est essentiel de ce qui est étranger. On fera cette séparation, en recherchant tout ce qui est commun avec le phénomène dont on s'occupe ; de cette manière, on parviendra à détourner l'attention de mille objets inutiles, pour la fixer sur ceux qui font espérer la découverte de la vérité. Quand Spallanzani voulut démontrer l'animalité des animalcules des infusions, il perdit de vue tout ce qui leur était particulier, mais il chercha leurs grandes analogies avec les autres animaux ; comme leurs mouvemens spontanés, leur adresse pour éviter les obstacles, pour chasser leur proie, leur manière de se nourrir, et la reproduction de quelques-uns.

Quoique tous les observateurs apperçoivent, plus ou moins, ce qu'il y a d'intéressant dans leurs recherches, ils n'y arrivent pas également vite, ils n'en saisissent pas également toutes les conséquences, et ils n'en savent pas extraire de même la solution du problême qu'ils méditent. Le génie devient ici un sens particulier, qui s'empare de ce qui échappe aux autres, et s'élance vers les vérités capitales, dont les élémens errent toujours autour des observateurs : Depuis qu'on avait commencé de brûler le gaz hydrogène avec l'air commun, ou le gaz oxygène, on s'était occupé de son explosion, de sa flamme, du mélange des gaz, du résidu de la combustion; on mesurait la quantité du résidu, on analysait sa qualité, on avait observé la vapeur formée, l'eau qui s'écoulait sur les parois des vases; telles furent, pour Maquer, Volta et moi, les bornes de nos observations; je dois le dire ici. Mes *Recherches analytiques sur l'air inflammable*, loin de donner l'analyse de ce gaz, se sont réduites à montrer un fait qui à peut-être quelque importance; c'est la difficulté, ou peut-être l'impossibilité d'avoir ce gaz parfaitement débarrassé de charbon, ou d'acide carbonique. En y réfléchissant pourtant, le phénomène de la composition de l'eau était sous nos yeux, puisqu'il y avait une substance nouvelle après la disparution des gaz hydrogène et oxygène; il est vrai qu'on soupçonnait une évaporation particulière de l'eau employée; mais en opérant sur le mercure, tous les doutes auraient été levés. Quand on vint à s'occuper des ballons, et de la manière la plus économique de les remplir avec le gaz hydrogène, on découvrit que l'eau versée sur le charbon ou le fer incandescents, en était une mine abondante ; ce phénomène remarquable ne dit pourtant rien qu'à trois ou quatre hommes célèbres, qui oublièrent les propriétés du gaz hydrogène, et ses usages pour considérer uniquement sa production. Laplace se dit seul alors, si la combustion des gaz hydrogène et oxygène produit de l'eau, ne serait-il pas possible que l'eau fût décomposée par l'action du feu incandescent, et que le gaz hydrogène s'en échappa, tandis que le gaz oxygène oxide les métaux. Lavoisier conçoit cette grande idée, et il en démontre la vérité par ses expériences. Cette découverte est devenue une des bases de la chimie moderne, et une formule d'explications heureuses pour une foule de phénomènes. Une semblable application deviendrait encore un moyen de s'approprier une découverte qui ne serait qu'un fait isolé, tant qu'on négligerait de le lier avec le système de nos connaissances.

On ne peut guère préjuger la rareté ou la fréquence d'un effet dans la nature, d'après ce qu'il offre aux observateurs. Dans les arts on croit un effet d'autant plus rare qu'il exige un concours plus grand de causes et de circonstances ; parce qu'il ne peut avoir lieu que rarement, dans un plan vaste et combiné ; mais tous les effets de la nature sont les résultats d'une grande complication ; les chaînons de la chaîne universelle, ou quelques chaînons de quelques chaînes particulières attachées à la grande. Tout est dans la nature cause et effet à son tour. C'est aussi pour cela qu'un observateur peut parvenir, pour l'ordinaire, dans ses recherches, à des effets plus généraux que ceux qu'on étudie séparément, et quand la cause de cet effet serait ignorée, elle pourrait être toujours celle des effets qui en résultent. Lorsque Haller eut vu battre le cœur du poulet, dans l'œuf couvé, quelques jours après l'incubation ; lorsqu'il y vit paraître successivement les autres parties à mesure qu'elles perdaient leur transparence, il pensa bien avec Bonnet, que le cœur n'existait pas sans l'estomac, le poulmon, le cerveau, etc. : observant ensuite, que la membrane qui recouvrait le jaune, recouvrait aussi les intestins du poulet, il conclut que le poulet existait en même-temps que le jaune, et qu'il préexistait à la fécondation. Enfin, Bonnet s'élevant à quelque chose de plus général, conclut que tous les oiseaux, tous les animaux avaient été dans le même cas, qu'on pouvait affirmer la même chose des végétaux, et par conséquent de tous les êtres organisés.

On a fait de grands progrès dans la connaissance de l'Univers, lorsqu'on a trouvé des effets qui influent sur un grand nombre de ceux qu'on y remarque. Nos lumières seraient bien augmentées, si l'on découvrait des lois dont celles de la gravitation seraient des conséquences ; mais elles auraient aussi leurs obscurités, puisqu'elles auraient besoin de l'explication qu'elles fourniraient à celles-ci ; elles se résoudraient au moins avec les autres lois qui les expliqueraient, dans une loi universelle, que le créateur connait, et qui est sans doute la base sur laquelle toutes les autres lois de l'univers reposent.

Il y a différens moyens d'arriver à la connaissance d'un phénomène ; quelquefois on analyse ses circonstances, ses rapports, et l'on parvient à découvrir ses causes ; mais si le fait est l'ouvrage du moment, s'il est produit chaque fois par des individus parti-culiers, s'il offre mille difficultés pour l'ex-pliquer, alors il exige, non-seulement la pa-tience de la part de l'observateur, mais il faut qu'il ait une juste idée de ces difficultés, et qu'il fasse de grands efforts pour les surmonter ; c'est par cette route seule qu'il pourra résoudre le problême qu'il s'est proposé. Je vois la chrysa-lide d'une chenille pendue par la queue ; au premier coup-d'œil le phénomène n'est pas bien surprenant, mais quand on réfléchit ensuite, qu'il n'y a aucune partie de la chry-salide appartenant à la dépouille de la che-nille ; que la chrysalide n'a aucun moyen de cheminer, afin de s'accrocher au lieu où elle est suspendue ; que la dépouille de la chenille ne reste pas même placée à côté de la chrysalide, on s'étonne, et l'on ne voit d'abord rien qui puisse fournir la solution de ce cas singulier. Il ne reste alors que l'observation du phénomème, c'est-à-dire, l'analyse des difficultés du problême, et les

moyens qu'elle peut présenter pour les vaincre ensemble, ou séparément. Reaumur
donne ici un bel exemple de ses ressources
et de ses succès.

La chenille se pend par l'extrêmité de
son corps ; comment se pend-elle ? comment
se dépouille-t-elle de sa peau dans cette
situation ? comment la chrysalide dépouillée
de toutes les parties de la chenille, se trouve-t-elle pendue à la même place qui était
occupée par la chenille ? comment la queue
de la chrysalide, renfermée dans la peau de
la chenille, se trouve-t-elle arrêtée au même
lieu où la chenille s'était fixée ? enfin,
comme la peau de la chenille ne se trouve
plus à côté de la chrysalide, comment a-t-elle
disparu ?

Cette opération difficile à concevoir,
n'était pas facile à suivre, parce qu'elle
s'exécute avec une grande vîtesse. Reaumur
rassembla un grand nombre de ces chenilles,
pour saisir dans plusieurs de ses observations
répétées, ce qui aurait pu échapper dans
quelques-unes. Il fallait pour cela que la

chenille fut commune ; il fallait encore prévoir le moment de la métamorphose. La
chenille de l'ortie fournit le sujet qui devait
éclairer ce phénomène.

La chenille, sur le point de se métamor-
phoser, fait, avec la soie qu'elle file, un
réseau à une branche ou à un corps solide,
auquel elle accroche ses jambes postérieures ;
elle laisse ensuite tomber son corps, qui est
dans une situation verticale ; ensuite elle se
courbe vers ses premiers anneaux, elle dé-
gage sa queue de l'étui où elle est renfermée
dans sa peau, elle rapproche sa partie postérieure de sa tète ; la peau éclate vers le
troisième anneau ; par une manœuvre semblable la peau s'éclate davantage ; bientôt la
chenille n'est plus retenue que par ses épines,
et la peau est toute retirée vers la partie
postérieure de la chrysalide ; mais cette partie
est trop basse pour s'accrocher au réseau, il
faut que la chrysalide se remonte ; elle opère
cette manœuvre avec ses derniers anneaux ;
elle pince avec eux cette peau qu'elle a
quittée ; elle se soulève, elle repince de nouveau sa peau, et fait ainsi deux ou trois pas,
jusqu'à

jusqu'à ce qu'elle touche la soie où la peau
est attachée : sa peau faite en rape, ou composée de plusieurs aspérités, s'accroche; alors
elle est pendue. Enfin, inquiétée par le voi-
sinage de la peau qu'elle a quittée, elle s'agite
jusqu'à ce qu'elle l'ait fait tomber. Le problême
est ainsi résolu, et la connaissance des différentes difficultés du problême, a amené sa
solution.

C'est un excellent moyen d'expliquer un
phénomène, que d'en employer un autre du
même genre pour en rendre raison. Trembley prouve que les polypes se soutiennent
dans l'eau par leur extrêmité postérieure, qui
est à sec, puisqu'ils tombent aussitôt qu'on
la mouille; comme une épingle reste suspendue sur l'eau, où elle se creuse une
place quand elle est sêche; on voit de même
le polype sêcher sa queue, quand il veut
se suspendre.

CHAPITRE III.

Règles de Newton pour expliquer les phénomènes.

Celui qui a le mieux connu les formules de la nature, découvert ses méthodes, analysé ses principes, devait aussi le mieux entendre la manière de l'étudier. On ne saurait donc rien prescrire de plus utile aux observateurs, que la boussole qui a si heureusement dirigé Newton dans ses recherches. Ce vaste génie, renferme dans trois règles générales, les principes propres à soutenir l'interprête de la nature dans ses travaux.

La *première règle* apprend qu'il ne faut pas admettre plus de causes qu'il n'est nécessaire pour expliquer les phénomènes ; autrement la nature serait moins sage que l'homme dans ses procédés. La plus grande économie de temps, de forces et de matière, avec la plus grande énergie dans l'effet, est le chef-d'œuvre de nos opérations : Pourrait-on imaginer dans un ouvrage aussi compliqué que l'univers, des inutilités, des hors-d'œuvres, ou des effets contrarians l'effet général ? Ce qu'on connait de la nature, prouve sa simplicité, son économie et sa grandeur.

Pour trouver la nature, il faut suivre les indices qu'elle fournit ; et comme elle parait économiser ses moyens, on ne doit pas multiplier ceux qu'on lui fait mettre en usage. L'existence d'une cause se fait connaître par son énergie, la suppression de cette cause doit entraîner celle de l'effet ; si donc la cause est suffisante pour produire l'effet qu'on lui attribue, pourquoi augmenterait-on son efficacité ? l'effet ne serait pas plus sûr, puisque la première peut l'opérer, et il ne serait pas différent, puisque la cause qu'on lui joindrait, doit seulement amener l'effet que la première a produit.

On pourrait ajouter que la simplicité d'une cause est une probabilité en sa faveur ; ceux qui ont étudié la nature, et qui l'ont suivie

dans ses opérations, ont remarqué son économie dans la matière qu'elle emploie,
comme dans le mouvement qu'elle lui im-
prime, et ils ont bien vu, qu'elle ne fait
jamais par deux moyens, ce qu'elle peut
exécuter par un seul. On observe de même,
que le *maximum* est sa mesure pour la grandeur des effets, comme le *minimum* est sa
règle pour l'emploi des matériaux, du temps
et du mouvement. Ces principes font la cen-
sure de toutes ces explications, où l'on multiplie indiscrètement les moyens pour vaincre
les obstacles qu'on rencontre, lorsqu'on
veut les appliquer aux phénomènes dont on
s'occupe ; mais elle ne repousse pas moins
les causes qu'on croit suffisantes, parce qu'elles rendent raison d'une partie des faits.
Cependant dans tous les cas on doit croire
que les observations, qui fondent ces explications, sont mal faites, et que l'on est forcé
d'imaginer tout ce que l'on n'a pas eu l'adresse
de voir.

Je ne répéte point ce que j'ai dit sur la
nécessité de chercher ses causes par l'observation et l'expérience. Le physicien n'est

point appelé à deviner la nature, mais à lire ce qu'elle peut lui montrer, et à rendre compte de ce qu'il voit, en perdant de vue ce qu'il peut imaginer.

La *seconde règle* de Newton, apprend que les effets semblables doivent avoir les mêmes causes. Cette règle est fondée sur l'uniformité de la nature dans ses procédés ; si une cause était suffisante dans un cas, pourquoi ne le serait-elle pas dans un autre qui serait semblable ? s'il y avait une cause meilleure, pourquoi n'aurait-elle pas été employée dans tous les deux ? On conclut, avec raison, que quelques montagnes ont été des volcans brûlans, parce qu'elles ont une forme conique comme le Vésuve et l'Etna ; parce qu'elles sont encore environnées à leur bases de morceaux de laves sans liaison ; parce qu'on distingue à leur sommets les ruisseaux de laves sortans de leurs cratères, conservans la forme d'un entonnoir ; parce qu'on suit les courans de laves qui en sont sortis ; parce que cette lave ressemble à celle qu'on trouve auprès des volcans en activité ; parce que tout ce qu'on observe après des volcans brûlans., comme les cendres, les scories, le soufre, les débris du fer, le fer spéculaire, les eaux chaudes, les éruptions des gaz acide, carbonique, sulphureux, hydrogène, les sulfures se rencontrent aussi auprès des volcans éteints; ensorte qu'ils ne paraissent différer, que parce que les uns donnent passage à des flammes et à des matières embrasées, tandis que les autres ont cessé d'en vomir.

Cette règle qui paraît si vraie et si facile à appliquer aux effets simples, devient trompeuse quand on s'en sert pour les effets compliqués. L'impossibilité de connaître les détails de l'objet, empêche de juger exactement la ressemblance des phénomènes qui peuvent paraître semblables, sans l'être réellement : On se tromperait sûrement, si l'on attribuait tous les vents à la même cause, quoi qu'ils soient tous un courant d'air qui les précipite vers quelque endroit ; mais ce courant peut être mis en mouvement par divers moyens.

Brugman remarque judicieusement, que

l'inverse de cette règle est également vraie, et qu'on peut affirmer que les causes du même genre ont les mêmes effets ; il est au moins vrai, que si l'une de ces règles était fausse, elles le seraient toutes deux. Cependant, quoique cette règle inverse offre à peu-près le même sens que la proposition d'où elle est tirée, elle est féconde en conséquences particulières. La connaissance d'une cause fournit celle de ses effets, lorsqu'on cherche ses rapports avec les divers êtres sur lesquels elle peut influer. Cette règle proscrit les mots de jeux de la nature et du hasard, si bisares pour une bonne philosophie. Chaque phénomène étant un effet, il doit avoir sa cause déterminée, qui ne saurait être imaginée par une raison inquiète, ou incapable d'avouer son ignorance, quand elle n'a pas assez d'énergie pour en sortir.

La *troisième règle* de Newton, établit que les qualités des corps, qui ne sauraient être ni augmentées ni diminuées, et qui conviennent sans exception aux corps sur lesquels on a pu faire des expériences, doivent être regardées comme inhérentes à tous les corps.

Cette règle est le fondement de l'induction et de l'analogie. J'en parlerai en détail en m'occupant de ces deux moyens de découvrir la vérité.

Newton apprend ici à distinguer les propriétés générales des êtres ; il leur donne un caractère important, car si ces qualités pouvaient se diminuer, il serait possible qu'en diminuant toujours, elles pussent s'anéantir, et que les corps en fussent privés.

La nature doit, autant qu'il est possible, s'expliquer par elle-même ; elle a ses formules et ses lois, dont elle ne s'écarte jamais ; ses matériaux ont des propriétés qui ne permettent que de certaines combinaisons ; ainsi comme les principes de la mécanique, de l'optique, de l'hydraulique, de l'hydrostatique, de toutes les sciences physiques sont l'expression des phénomènes de la nature ; comme tous les principes de la chimie, de l'esthétique sont tirés de la nature, toutes les explications des phénomènes doivent être conformes à ses formules et à ses principes, parce qu'il ne saurait y avoir des effets con-

tradictoires avec ces principes, dans un ouvrage aussi compliqué et aussi parfait que
l’univers. On trouvera donc souvent dans
cette consonnance des explications avec les
lois de la nature qu’on connait, une probabilité en faveur de l’explication donnée, mais
elle serait plus forte, si l’on rencontrait des
faits dont la cause connue, eût des rapports
avec les faits étudiés et la cause qu’on soupçonne. L’explication de l’arc-en-ciel mérite
une entière confiance, parce qu’elle repose
sur les lois démontrées de l’optique; l’explication des arcs colorés, observés près des
grandes cascades, est juste, puisqu’elle offre
un phénomène, parfaitement semblable à
celui de l’arc-en-ciel.

Les observateurs rempliront leur but, s’ils
rencontrent dans la nature un phénomène
général renfermant la cause de l’effet expliqué,
au cas qu’on ne puisse pas le déduire des
phénomènes; si cette cause était sans rapports
avec les êtres existants, elle serait un hors-
d’œuvre introduit dans la nature.

Mais si l’on ne peut découvrir cette cause,

il faut décrire avec soin le phénomène qu'on voulait expliquer ; il sera un signal pour le philosophe qui aura le courage de l'étudier long-temps, ou une lumière pour éclairer d'autres phénomènes, et peut-être pour perfectionner les arts. Le physicien qui ne peut pénétrer le magnétisme, en étudie les effets pour les appliquer à la navigation, à la mécanique, ou au perfectionnement du système du monde.

CHAPITRE IV.

Des causes observées dans leurs effets.

LES causes des effets qu'on observe, ne sont pas quelquefois si cachées, qu'on ne puisse les découvrir en les observant dans les effets eux-mêmes : C'est ainsi que Reaumur trouva le bruit des cigales dans le tambour caché qu'il apperçut. Les cas semblables demandent des sens exercés pour les distinguer, et de l'attention pour en prendre une idée juste ; mais Reaumur ne se contente pas d'un apperçu rapide, il fait résonner le tambour des cigales, et quand il trouve la cause du bruit que fait un insecte, il retranche toutes les parties qui pourraient l'occasionner, afin d'être sûr, que la partie qu'il soupçonne la cause du bruit entendu, est bien celle qui le produit.

Comme on ne lit pas un livre pour suivre

les mots qui le forment, mais pour entendre le sens qu'ils présentent ; de même, quand on étudie les phénomènes de la nature, c'est pour en découvrir les causes, et en savoir l'histoire. Les premiers faits qui fournissent cette histoire, ce sont ceux qui offrent leurs causes dans leurs effets, parce qu'on ne peut appercevoir les uns sans remarquer les autres. Les causes ne doivent être ni soupçonnées ni inventées, elles doivent être démontrées par les faits eux-mêmes, et l'on doit les voir ensemble.

Peut-on augurer toujours ce cas par la vue de l'effet ? Il me semble que les phénomènes organiques doivent toujours le présenter ; le mouvement du poulmon est la cause de la respiration ; la contraction du cœur chasse le sang qui y arrive ; une roue dentée qui tourne, et qui s'engraîne dans un pignon, le fait tourner. On retrouve les mêmes choses, peut-être avec moins d'évidence, en cherchant l'organe qui est la cause de l'effet ; mais il faut y apporter plus de soins et d'attention ; la voie des exclusions peut la faire appercevoir et la démontrer. Reaumur ne parvint à trouver la cause du bourdonnement des cousins , qu'après la suppression de leurs antennes.

On ne saurait découvrir de cette manière les principes généraux, les causes combinées d'un seul effet ; leur recherche est bien autrement difficile ; les moyens pour y parvenir sont moins sûrs , les succès sont plus douteux , et la démonstration moins rigoureuse.

On connaîtrait mal un être qu'on étudierait ainsi extérieurement , pour trouver sa cause dans son effet. Les oiseaux avec leur langues cartilagineuses et leurs becs de corne , suivant l'observation de Buffon , ont plus de facilité pour imiter nos chants, et même la parole , que les quadrupèdes qui ressemblent le plus à l'homme par les organes de la voix : Ici l'apparence ne ferait pas croire que l'effet et la cause s'apperçoivent avec la même sûreté , mais on peut encore se tromper , parce que le même effet a souvent plus d'une cause , parce que toutes les causes ne sont pas également frappantes , et parce qu'on peut supposer qu'il n'y a des causes réelles, que celles qu'on peut distinguer. Boyle, pour expliquer les attractions électriques, imaginait une effluence glatineuse, qui ramenait les corps légers au corps électrisé, en y retournant; mais il n'avait pas encore vu les étincelles qu'on tire des corps électrisés, et les phénomènes singuliers auxquels elles donnent naissance.

On se trompe enfin dans les explications fournies par l'observation des faits, quand on imagine entr'eux des rapports de causes et d'effets, qui ne sont souvent qu'accidentels ou apparents. On a cru long-temps que la corruption des corps organisés engendrait les insectes, parce qu'on ne les voyait pas naître sur les chairs qui étaient saines, tandis qu'ils fourmillaient sur celles qui étaient pourries; mais on sait aujourd'hui que la putréfaction favorise le développement des œufs déposés par les mères-mouches, et par d'autres insectes, sur les débris qui sont à leur portée.

Il serait possible de prévenir ces erreurs, en considérant plus attentivement cette partie des descriptions, qui indiquent les causes. Lazaro - Moro voit quelques montagnes s'élever par le moyen des volcans; il croit qu'elles se sont toutes ainsi soulevées des entrailles de la terre; mais s'il avait étudié plus profondément les premières, il aurait vu que les matières qui les ont formées se sont versées hors de leur sein; que c'est ainsi qu'elles ont pris une forme conique; que chacune de leurs parties une fois posée, a conservé sa place, et qu'elles ne se sont élevées que par l'application d'une nouvelle matière, sur celles qui étaient déjà assises. Enfin, l'expérience l'aurait convaincu, qu'un fluide continu ou discret, lancé hors d'un centre, forme en tombant un cone autour de lui; ce qui ne saurait rendre raison de la formation des autres montagnes qui n'ont pas cette forme.

En général, on repousserait toutes les erreurs, si l'on expliquait les phénomènes par les connaissances que l'observation a fournies, pourvu que les observations soyent bien faites. Quand on rend raison de la digestion par l'action des muscles de l'estomac, qui

triturent les alimens ; on se fonde sur les
apparences offertes par les oiseaux gallinacés,
qui brisent leurs alimens dans leurs gésiers,
par le mouvement vif et continuel des vaisseaux qui environnent l'estomac, par la
constitution musculaire de cet organe ; mais
quand on voit des vers d'une extrême mol-
lesse, qui vivent dans l'estomac des salamandres sans y être froissés ; quand on observe
des alimens renfermés dans les tubes métal-
liques, très-forts et ouverts par les deux bouts,
qui se sont digérés, on est forcé de conclure,
que si les alimens sont brisés par les gésiers
des oiseaux gallinacés, ils sont vraiment digérés dans tous, par l'action seule du suc
gastrique de l'estomac.

On parviendrait à une certitude plus
grande, si l'on pouvait observer différemment l'action de la même cause dans le même
sujet, et si ces diverses observations concouraient pour établir de la même manière,
la cause observée dans l'effet qu'on étudie.
On démontre la circulation du sang, en
ouvrant une grande artère dans un animal;
tout son sang s'échappe alors par cette grande

ouverture

ouverture, parce que tout le sang a passé de chaque partie du corps dans cette artère; la petite quantité du sang écoulé prouve encore la même chose; si on lie une artère, elle bat et s'enfle entre le cœur et la ligature; mais elle s'applatit et se vide entre la ligature et les extrêmités. Si on lie au contraire une grosse veine, elle s'enfle entre les extrêmités et la ligature, mais elle s'affaisse entre la ligature et le cœur. Si l'on ouvre l'artère liée, entre la ligature et les extrêmités, elle ne donne presque point de sang; au lieu que si l'on ouvre la veine liée, dans le même endroit, tout le sang s'écoule jusques à la mort; de même, si l'on ouvre l'artère entre le cœur et la ligature, tout le sang s'échappe par cette ouverture; au lieu, que si l'on ouvre la veine dans le même endroit, à peine saignera-t-elle. Toutes ces expériences et ces observations se réunissent, pour montrer dans les effets, la circulation du sang, puisqu'on voit clairement que les veines ramènent le sang vers le cœur et que les artères le chassent loin de lui.

Le raisonnement peut confirmer l'observa-

tion par les rapports qu'il saisit ; il compare
l'énergie de la cause apperçue, avec ses effets;
si elle paraît manifestement suffisante, on
peut présumer qu'on l'a trouvée ; mais si elle
lui était inférieure, on doit croire, ou qu'on
se trompe, ou que la cause soupçonnée,
n'est qu'une partie de la cause réellement
agissante.

Il est vrai, qu'il est toujours très-difficile
d'estimer la force des causes, pour produire
leurs effets, et qu'il est presque toujours
impossible de décider, si une ou plusieurs
causes sensibles, sont les seuls agens propres
à le produire ; car si les causes sont différentes, elles ne pourront pas servir de terme
de comparaison ; et si elles ne sont pas
semblables, elles ne seront pas mieux connues que celles qu'on cherche à mesurer.

On ne peut douter du concours de diverses causes, pour produire un effet, puisque
chaque être est plus ou moins lié avec tous
les autres, et puisqu'il ne saurait exister tel
qu'il est sans ces rapports. Il faut pourtant
avouer qu'il n'est pas nécessaire de connaître

cette filiation de causes, cet entrelacement d'influences pour expliquer un phénomène, qui sera toujours bien expliqué, quand on aura découvert ses causes les plus prochaines.

On a bien remarqué l'action de mille causes accidentelles sur la marche de la nature; il faudra donc considérer encore chacune d'elles autant qu'il sera possible, afin, comme le dit Laplace, que les effets des causes passagères viennent à se compenser mutuellement, et que les résultats moyens ne laissent appercevoir que les effets réguliers et constants.

Enfin, l'on peut s'assurer qu'une cause, vue dans l'effet, est réelle, quand on rencontre l'effet par-tout où l'on voit la cause; ainsi la lumière est le moyen de la vision, puisque partout où elle luit, et où il y a de bons yeux pour recevoir ses rayons, on distingue les objets qu'elle éclaire.

Lorsqu'il s'élève un doute sur la possibilité d'une opération supposée dans quelques procédés de la nature, où l'on fait agir des particules qui échappent à nos sens et à nos instrumens; alors pour décider la question, il faut mettre les agens naturels dans de telles circonstances, que leurs effets manifestent la possibilité, ou l'impossibilité de l'opération supposée; en prouvant ainsi qu'elle est possible dans un cas, on peut conclure probablement qu'elle a lieu dans le cas particulier, dont il est question; ainsi, par exemple, lorsqu'on eut remarqué que l'eau qui passe dans un canon de fer rougi au feu, l'oxidait, et qu'il s'échappait du gaz hydrogène; on put croire que ce phénomène était produit par la décomposition de l'eau, qui pouvait être composée d'oxygène et d'hydrogène, mais cette conclusion était hypothétique; parce que les sens ne montraient que l'oxidation du fer et la production du gaz hydrogène; il fallait donc chercher si la combinaison des deux gaz, par la combustion, formerait l'eau; c'est précisément ce qu'on apprit par l'expérience, et la conclusion devint très-probable.

Il est aussi dangereux que facile d'être influencé par les conséquences qu'on tire des idées reçues. Le comte de Rumfort déclare qu'il est impossible de prédire avec certitude un événement, quelque soit sa probabilité, quand on ne l'a pas vu réellement arriver ; ainsi, lorsqu'il vit un plateau de glace, conserver plus long-temps sa congélation au fond d'un vase rempli d'eau bouillante, que lorsqu'il flottait à sa surface, il vit un fait qu'il n'aurait pu croire probable auparavant. Lorsque Spallanzani coupa la tête à ses limaçons ; lorsqu'il aveugla ses chauve-souris, il croyait peu à la possibilité de voir une nouvelle tête remplacer celle qu'il avait ôtée aux premiers, et il n'imaginait guères que les secondes se conduisissent sans yeux, comme si elles les avaient eu.

Lorsqu'une recherche de physique est hors de la portée des sens, la manière la plus sûre de procéder, pour savoir si le fait supposé est possible, c'est de le regarder comme existant, et de tirer les conséquences qui doivent en résulter, en les comparant avec les circonstances qui ont existé. Ainsi, par exemple, en supposant que l'acide carbonique est décomposé dans les feuilles, par l'action de la lumière, lorsqu'elles sont exposées au soleil, sous l'eau chargée d'acide carbonique ; si je vois l'acide carbonique de l'eau diminuer, à mesure que le gaz oxygène se développe ; si les feuilles ne donnent point de gaz oxygène dans l'eau privée d'acide carbonique, je dois conclure de ces apparences, à la réalité de la décomposition, que je ne pouvais appercevoir.

CHAPITRE V.

Des principes généraux.

POUR expliquer les phénomènes, se rendre raison de leurs effets, prendre une juste idée de la nature, dans sa grandeur et ses détails ; il faut saisir ces formules générales, découvrir ces points fixes bien déterminés, bien éclairés, qui servent de signaux pour reconnaître ce qu'on cherche. On peut d'abord les distinguer dans la partie du phénomène, qui semble influer sur toutes les autres dans tous les cas et toutes les circonstances, qui se combine avec tous les autres effets, ou plutôt qui se prête à toutes les modifications, et à toutes les variétés du système général ; alors on pourra avoir des idées exactes de l'objet dont on s'occupe, donner de la certitude aux idées qu'il excite, et juger leur solidité par leur comparaison avec cette idée fondamentale : sa généralité fournirait des idées nouvelles, en faisant soupçonner de nouveaux effets qu'on n'aurait pas pensé de chercher, si l'on n'avait pas deviné leur existence. Si cette idée était aussi générale qu'il est possible, elle embrasserait toutes les idées que peut produire l'objet observé ; de manière qu'en la suivant, elles pourraient toutes s'en déduire sans peine, ou servir de fil pour parcourir tous ses détails, et de flambeau pour en dissiper toutes les ténèbres. L'observateur arriverait ainsi à la vérité par la route la plus courte ; il remarquerait tous les rapports du phénomène, et il le verrait dans ses idées, comme il existe dans l'univers. Il apprendrait au moins à interroger la nature avec génie, comme à la déchiffrer avec fidélité, et les réponses qu'il en recevrait, seraient vraies, comme les interprétations qu'il en donnerait, seraient correctes.

Un principe pour l'observateur, et pour l'interprète de la nature, est un effet général observé dans la nature, ou une propriété essentielle des corps, ou d'un système de corps, ou de quelques corps ; ou enfin c'est une proposition qui exprime ce qu'on a généralement remarqué, rélativement à quelque objet particulier. C'est un principe en hydrostatique que la pression des fluides est égale en tout sens ; c'est un principe en chimie que l'eau est composée d'oxygène et d'hydrogène ; c'est un principe de l'optique, que les rayons se courbent en s'approchant de la perpendiculaire, quand ils passent d'un milieu plus rare dans un plus dense ; c'est un principe en morale, que les hommes se décident par les motifs qui leur paraissent les plus forts.

On ne saurait d'abord établir un principe sans faire un grand nombre d'observations sur divers individus de l'espèce, ou du genre des objets dont on s'occupe. Newton, pour établir son principe de la gravitation universelle, pèse la plupart des corps qu'il peut éprouver; il les pèse en divers lieux sur la terre; il les pèse dans le vide; il les pèse dans le ciel par son calcul, et il démontre, par ses expériences, que la gravité agit dans tous les momens, dans tous les lieux, et sur toutes les parties de la matière, suivant les lois qu'il a su découvrir. Linné pour établir le système sexuel des plantes, fait voir les pistils et les étamines dans toutes les fleurs de tous les végétaux ; il découvre leur influence indispensable pour la fructification. Enfin, Hedwig, Bulliard et Vaucher ont prouvé que les champignons, les mousses et les conferves, qu'on croyait des exceptions à cette règle, y sont soumis comme les autres plantes.

Dans toutes les recherches philosophiques, l'observation et l'expérience sont les fils uniques qu'on doit suivre pour trouver la vérité ; on ne quitte ainsi jamais la nature, et les conséquences qu'on en tire, sont fondées comme les principes dans la nature qui les fournit : telle est la nouvelle chimie, qui met presque sous les sens ce qu'on imaginait dans l'ancienne ; il est vrai qu'il reste encore bien des phénomènes dont il faudrait révéler les causes ; mais quand on a vu manœuvrer la nature, dans une foule de cas, d'une manière claire et évidente, on peut espérer de pénétrer plus aisément les procédés qu'elle cache.

On ne saurait déduire un principe général d'un phénomène particulier ; autrement on s'exposerait à prendre une exception pour la loi générale : un fait particulier peut pourtant fournir l'idée d'un principe général ; mais pour constater sa généralité, il faut avoir observé un très-grand nombre de faits semblables ; à moins que ce fait particulier, en suggérant l'idée d'un principe général, ne fasse trouver ses preuves dans plusieurs observations déjà faites sur divers objets du même genre, ou rélatives au même but. Ceux qui auraient prononcé sur la génération des animaux, d'après les moyens reproducteurs des polypes ou des pucerons, se seraient bien écartés de la vérité, puisque les premiers se reproduisent par division, et que les seconds peuvent se multiplier sans accouplement ; mais on a conclu, avec raison, que tous les corps se dilataient par la chaleur, parce qu'on a observé cet effet sur un si grand nombre, qu'on a pu voir manifestement qu'ils étaient tous soumis à cette loi, et si quelques-uns paraissent s'y soustraire, comme l'éponge humectée, on a bientôt remarqué que cet effet était produit par l'évaporation de l'eau qu'elle contenait.

Il paraît donc que si un fait important fournit une proposition particulière, en multipliant, et en variant ses observations sur plusieurs faits analogues, la première proposition peut se généraliser, et sa généralité sera d'autant mieux fondée, que le nombre des observations faites sur des individus du même genre, ou dirigées vers le même but, sera plus grand : ainsi, lors même que la première proposition différerait peu de l'observation individuelle, la proposition générale pourrait être fort abstraite. Lorsque Toricelli se fut apperçu que la pression de l'air faisait monter l'eau dans les pompes aspirantes, il vit un fait curieux, et il mesura l'intensité de cette pression par la hauteur que l'eau pouvait atteindre; mais quand il eut vu qu'on ne pouvait faire avec le mercure que des pompes propres à élever ce fluide à 7,57 décimètres ou 28 pouces, il conclut que l'air tenait en équilibre le mercure et l'eau, puisque leur ascension dans le vide était proportionnelle à leur pesanteur

particulière ; il eut aussi la confirmation de
ce principe, quand il imagina le baromètre.
Pascal montra que l'air pesait par tout, puisque son poids était proportionnel à la hauteur
de la colonne atmosphérique, qu'il raccour-
cissait à son gré en montant sur les montagnes. La réflexion fit sentir le poids de
l'air, comme la cause de la suction de l'enfant qui tète, et comme un des moyens
qui facilite l'action de boire. La pompe pneumatique fit éprouver le poids de l'air, d'une
manière qui ne laissait aucun doute ; on
vit l'influence de ce poids sur la vaporisation
de différentes substances ; enfin, on a pesé
l'air dans des ballons de verre, et ce fut après
toutes ces expériences, et toutes ces observations, qu'on a pu dire généralement que l'air
était pesant.

Il ne suffit pourtant pas de multiplier ses
observations, et de rassembler celles qui ont
été faites, pour en tirer une proposition
générale ; il faut encore trouver le lien qui
doit les unir. Si le fait restait isolé, il serait
une observation individuelle qui ne saurait
être fort importante ; et si plusieurs faits

analogues restaient sans liens pour les rattacher, ils seraient eux-mêmes comme des
individus, L'interprète de la nature doit sur-
tout chercher dans les faits qui l'occupent,
les rapports généraux qui les enchaînent.
Quand Spallanzani a raconté toutes ses observations sur la génération des différentes
espèces de grenouilles, de crapauds, de
salamandres, de plantes; quand il a montré
les œufs fécondés hors du corps de ces
animaux, le têtard que la liqueur séminale
développe alors, les plantes renfermées dans
la graine avant la maturité des étamines ; il
conclut que les germes préexistent à la fécondation, puisqu'il a montré l'existence de
ces plantes et de ces animaux, avant la possibilité d'une fécondation antérieure : cette
observation lie toutes les autres sur cette
matière : on voit celles de Haller s'en rapprocher ; on sent que la membrane qui
recouvre le jaune dans l'œuf, est celle qui
recouvre les intestins du poulet ; et l'illustre
professeur de Pavie, établit victorieusement
cette proposition capitale, que la raison avait
rendue si vraisemblable, et qui attendait ses
expériences fameuses pour être démontrée.

Mais comme dans une grande foule de faits variés, il y en a qui accablent par leur nombre, sans augmenter les vraies richesses; il faut graduer leur importance, pour écarter ceux qui surchargeraient les sens, sans éclairer l'esprit. Il me paraît donc qu'une observation qui ne présenterait pas un cas nouveau, qui n'étendrait pas, ou ne restreindrait pas le principe qu'on veut établir, serait une observation inutile dans cette circonstance; ainsi, par exemple, toutes les observations faites sur la génération, sur les liqueurs séminales étaient inutiles pour le but que Spallanzani se proposait. C'était le cas d'écarter encore tout ce qui était rélatif à la nutrition, au développement, aux reproductions, aux monstres; mais comme ces questions devenaient des conséquences du principe, elles exigaient un examen particulier, et des recherches dirigées particulièrement vers elles, pour devenir les preuves du principe qui les fournit, et des sources de solution, pour les objections qui peuvent se présenter.

Un principe général ne saurait être prouvé

par quelques observations générales, il faut encore que toutes les propositions qui y conduisent, qui le démontrent, et qui en sont des conséquences, soient de même démontrées par l'observation. Le système d'Hyparque, ou plutôt celui de Copernic ne fut d'abord qu'une hypothèse, rendue probable par l'observation générale des phénomènes; mais les observations particulières des phases de Vénus, du mouvement du soleil et de Jupiter sur leurs axes, de la figure sphéroidale de la terre et de Jupiter applatis vers leurs pôles, et renflés sous l'Equateur, de l'aberration de la lumière ont démontré sa vérité.

Il est toujours hasardeux de former des principes généraux, parce qu'il est toujours très-facile de se tromper sur les faits qui doivent en être les fondemens. Si l'observation est mal faite; si l'on généralise mal-à-propos un fait particulier; si l'on donne trop d'étendue à un fait qui annonce quelque généralité; si l'on ne distingue pas les effets premiers de leurs conséquences; si l'on veut absolument regarder comme l'effet d'une cause

cause générale, un effet qu'elle ne saurait produire ; il est sûr qu'on se trompera dans la formation des principes qu'on veut établir, et ces erreurs sont bien communes chez les naturalistes.

Si l'observation fournit un de ces principes propres à expliquer quelques phénomènes, on pourra conclure de l'étendue de son influence, à la grande probabilité de sa vraisemblance, et ce principe sera d'autant plus probable, que les observations qui l'établissent seront plus nombreuses, plus variées, et mieux faites ; que ses conséquences seront plus analogues aux procédés de la nature, et qu'un plus grand nombre de faits seront soumis à son énergie. Ainsi, le principe de l'irritabilité est fondé sur une foule d'expériences, qui montrent son étendue sur tous les muscles, dans tous les momens de l'animal vivant ; on lui voit éployer la vie de l'animal, l'entretenir jusqu'à la mort, produire le mouvement du cœur et des artères, et donner naissance à une foule de phénomènes, inexplicables sans ce moyen.

Pour compléter la démonstration d'un principe, il faut apprécier l'énergie des causes, et leurs combinaisons ; mesurer l'étendue des effets, et leurs rapports avec leurs causes ; fixer les bornes de sa généralité ; établir son caractère ; découvrir ses variétés, et marquer ses exceptions. Si l'on ne connaissait pas ainsi les effets d'une cause ; si l'on ne remarquait pas les modifications qu'elle reçoit des circonstances ; si l'on n'était pas sûr de l'impossibilité de quelques effets ; si l'on ne prévoyait pas quelquefois ceux qui n'ont pas encore été observés ; et si l'on ne savait pas douter de ceux, qui sans être impossibles, ne sont pourtant pas vraisemblables, on ne pourrait tirer avec confiance une conclusion générale.

Telle est la seule manière de bien raisonner sur les faits. Un effet est toujours le produit de quelque cause, rendue sensible par l'observation. Quand on connaîtra un grand nombre de ces effets, on aura un grand nombre d'anecdotes sur l'histoire de la nature, et en les multipliant, on augmentera la facilité d'en faire le tableau. On réussira mieux à graduer les moyens qu'on peut avoir pour les distinguer, et attribuer à chacun leurs effets particuliers; ce qui donnera une idée plus juste des qualités propres à chaque être, de son influence, et de ses modifications.

Ces connaissances seront alors aussi solides que celles qui sont fournies par l'observation; puisqu'elles sont un ouvrage que la raison a seulement fini, lorsque la raison en a eu rassemblé les matériaux.

Il y a pourtant toujours quelques dangers à courir, lorsqu'on tire ses conclusions des expériences aux phénomènes; ainsi, par exemple, comme Deluc l'observe fort bien, nous ne saurions juger de toutes les facultés, ni de toutes les modifications des substances expansibles, confinées dans des vases, par des substances souvent aussi altérables que les liquides : ces substances ne s'y arrangent pas toujours suivant leurs pesanteurs spécifiques; leur vélocité est ralentie; il se forme d'autres affinités avec les substances confinantes, que celles qui ont été imaginées.

Les substances expansibles peuvent contenir des ingrédiens, que nous ne savons pas mettre en jeu ; d'autres fluides peuvent y être mêlés, ou s'y mêler à notre insçu. On ne tient pas compte, avec assez de scrupule, des effets dont on connaît les causes immédiates, et quand on le ferait, toutes les substances voisines les modifient si vîte dans nos vases fermés, que nous ne pourrions jamais les distinguer exactement. Au lieu que dans l'atmosphère, de grandes causes générales agissent constamment ; cependant lorsqu'on fait ses expériences dans des vases fermés, l'air qui y est emprisonné, s'y trouve plus ou moins soustrait. Il faut donc réunir les efforts de la chimie, et de l'observation de la nature, pour expliquer l'une par l'autre.

Un principe sera solide, quand il sera l'expression fidèle de la nature ; quand il sera tellement général, qu'il ne souffrira que peu ou point d'exceptions ; et quand il expliquera la cause de ces exceptions elles-mêmes. Le principe de la gravitation universelle est sans exception, il se plie seulement aux circonstances , comme on le voit dans l'ascension des vapeurs, et les perturbations des planètes. Il est aussi général qu'il peut être, mais il ne l'est pas plus que les faits.

La formation et l'emploi de ces principes généraux, nous rèndent bien supérieurs aux anciens dans les sciences philosophiques. Ils en eurent, à la vérité, quelques-uns en métaphysique, dont les modernes se sont fait honneur ; mais il n'en a pas été de même pour la physique et l'histoire naturelle ; ils manquaient de faits pour les former ; ils raisonnaient plus qu'ils n'observaient ; ils croyaient avec facilité tous les récits qu'on pouvaient leur faire. Ils ont pourtant connu le sexualisme des plantes, et le systême de Copernic ; mais ces deux grandes idées restèrent stériles dans leurs esprits.

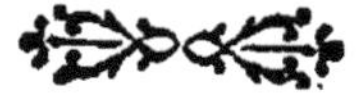

CHAPITRE VI.

De l'induction.

L'INDUCTION est cette méthode de raisonner, par laquelle on conclut du particulier
au général, après s'être assuré par les sens,
que tous les cas, sur lesquels on doit prononcer, sont renfermés dans la proposition
générale, qui est le résultat de leur observation ; aussi l'on nie, ou l'on affirme d'un
genre, ce que l'observation montre, qu'on
peut nier ou affirmer de chaque espèce :
Ainsi, l'on prononce que les plantes cruci-
fères ont quatre pétales et six étamines,
entre lesquelles il y en a deux plus petites
que les quatre autres ; parce que toutes les
plantes de cette classe, qui ont été exami-
nées, font réellement observer ces caractères
distinctifs. C'est ainsi qu'on affirme encore,
que tous les corps tendent vers le centre de
la terre par leur pesanteur, et qu'ils y sont

poussés en raison inverse du quarré de leur distance à ce centre.

L'observateur s'élève, par cette méthode de la connaissance des effets, à celle des causes ; car puisqu'une cause doit renfermer la raison de ses effets, la proposition qui l'énonce doit exprimer les moyens qui lui donnent son énergie. On ne peut à la rigueur expliquer la nature que par des faits, offrant toujours l'action de quelques corps, les uns sur les autres ; on a toujours cette action à exprimer, quand on a une cause à faire connaître ; il serait même impossible de la découvrir, si l'on ne pouvait pas la lire dans ses effets, ou dans ceux qui lui sont analogues : C'est ainsi que Newton affirme, que la lumière est composée de petits corps séparés, parce que les effets de la lumière dénoncent ces corpuscules, par leur réflexion et leur réfraction, qui sont semblables à celles des corps élastiques qui sont sphériques, et parce qu'ils ne manifestent pas les propriétés des fluides continus.

Pour se servir utilement de l'induction,

il faut isoler les faits sur lesquels elle est établie ; on les voit mieux ainsi hors de la nature , parce qu'on y saisit mieux leurs propriétés particulières ; et en approfondissant leur manière d'être dans cet isolement, on juge mieux leurs rapports avec les autres êtres , en les replaçant avec eux. Si l'on suit cette route, on pourra toujours affirmer ou nier quelque chose de chacun, suivant ce que les sens auront remarqué. Lorsqu'on recherche la cause de la mort des animaux, dans des vases parfaitement fermés , on voit bientôt qu'il n'y a autre chose à considérer que l'animal et l'air renfermé avec lui ; *l'animal* y meurt au bout d'un certain temps ; le poumon et le cœur sont pleins d'un sang noir, qui ne circule plus. Le vase n'a point changé , l'animal y a vécu fort bien tant qu'il communiquait avec l'air extérieur ; cet air est à la vérité plus humide, mais cette humidité n'est pas une cause de mort, l'animal peut la supporter sans indisposition apparente : la chaleur n'a pas varié d'une quantité qui aurait pu la rendre funeste ; de sorte qu'à tous ces égards , on ne peut découvrir la cause du phénomène : Ce sera donc dans l'*air* qu'il faudra chercher la cause de cette mort. L'air a-t-il donc changé dans ses propriétés ? Sa pression, son élasticité sont pourtant les mêmes, mais si j'ouvre le vase sous l'eau, elle y entrera, et au bout de quelque temps elle en occupera une cinquième partie. Il résulte de là, que si l'eau a pu y pénétrer d'abord, elle y sera toujours en équilibre avec l'air extérieur, parce que la pression de l'air intérieur n'aura point diminué ; il en sera de même pour son élasticité, si elle avait augmenté, elle ferait sortir l'eau du vase, et il sortirait avec elle, et si elle était devenue plus faible, l'eau y entrerait avec force ; mais ce phénomène est constant, l'air est toujours alors diminué environ d'un cinquième, et cette diminution reste la même, quoique le nombre des animaux qui périssent sous le même récipient soit plus grand ; on l'observe encore de la même manière lorsque le nombre des animaux ne change pas, quoique le vase où les animaux sont placés, soit plus petit ; enfin, on voit toujours périr les animaux, sur-le-champ, dans un vase où d'autres animaux étaient morts après y avoir été renfermés. Il paraît résulter de là, qu'il y a un cinquième de l'air renfermé qui est respirable , tandis que les quatre autres cinquièmes ne peuvent plus entretenir la vie, et que la portion respirable a disparu en tout ou en partie; mais on s'assure que l'air , qui reste dans le vase, ne ressemble plus à l'air commun , parce qu'il n'est plus aussi propre à l'entretien de la flamme , qu'il est moins propre à la calcination des métaux, et qu'il est beaucoup moins diminué par le gaz nitreux ou par la combustion. Il paraîtrait donc que l'air atmosphérique contiendrait un cinquième d'air respirable ; cependant l'expérience apprend qu'on y en trouve environ un tiers ; mais on sait aussi que quand celui-ci diminue jusqu'à un certain point , il n'en reste plus assez pour la respiration de divers animaux , et la plupart meurent avant de l'avoir épuisé. On démontre la vérité de ces observations , parce qu'on peut rendre à cet air gâté par la respiration, sa propriété respirable, en y introduisant un cinquième de gaz oxygène ; dès-lors les animaux y vivent comme auparavant, et si l'on a le même récipient rempli de gaz oxygène , les animaux qu'on y placera, y vivront quatre fois plus long-temps que dans l'air atmosphérique, mais sa diminution sera quatre fois plus forte. Que devient donc cet air qui a disparu ? on le retrouve encore changé en acide carbonique par sa combinaison avec le carbone des animaux, et on le découvre dissous dans l'eau et précipitant l'eau de chaux.

Cette recherche pourrait encore laisser des doutes, si l'on ne voyait pas l'action de l'air sur les animaux ; on a démontré que le sang mis en contact avec le gaz oxygène, y prend une couleur rouge très-vive, tandis que dans une atmosphère de gaz azote ou hydrogène, il y devient très-noir ; on observe le même phénomène, lorsque le sang est renfermé dans un boudin formé par ce sang contenu dans une grosse artère entre deux ligatures, ce qui insinue que le gaz oxygène peut agir sur le sang dans le poumon, au travers des membranes des vaisseaux ; mais on trouve cette couleur d'un rouge vif au sang qui retourne dans le cœur après avoir parcouru le poumon, tandis que celui qui entre dans le poumon en sortant du cœur, après avoir circulé dans le corps a cette couleur noire qu'il y perd, pour y reprendre son rouge vif. Ces observations deviennent encore plus probables, lorsqu'on voit le sang revenu dans le poumon, y former le gaz acide carbonique par la combinaison du charbon du sang avec le gaz oxygène de l'air, et le sang qui n'a pu se décharger de son charbon, perdre la faculté d'irriter le cœur et de le faire battre, ce qui suspend la circulation et la vie de l'animal.

Cet exemple montre, que quand on a établi ces propositions particulières, qui cachent sous un extérieur différent des résultats à peu-près semblables ; on peut former une proposition générale qui renferme les idées particulières propres à chaque résultat, et qui montre la loi générale du tout, par les effets observés dans les parties. C'est ainsi que je conclus que les animaux, renfermés dans des vaisseaux pleins d'air commun, périssent, parce qu'ils changent en acide carbonique la plus grande partie du gaz oxygène qui y est, par le moyen du car-

bone qui s'échappe du sang dans le poumon,
et parce que ce carbone, resté dans le sang,
lui ôte le moyen d'exciter l'irritabilité du
cœur qui favorise l'expulsion du sang hors
de ses ventricules, en favorisant les mouvemens de systole et de diastole.

L'induction peut être aussi la conséquence
qu'on tire de plusieurs faits réunis, mais elle
ne sera solide, que lorsque l'énumération
des faits qui l'établissent sera complète. Un
seul fait oublié pourrait cacher la conclusion
qu'on cherche, en supprimant une condition
qui changerait la conclusion trouvée. Les
découvertes qu'on a faites montrent la nécessité de tout voir, pour arriver à la vérité.
Si l'on avait demandé à un physiologiste, il
y a quelques années, quelles étaient les conditions nécessaires pour rendre un accouplement prolifique, il aurait dit qu'il devait se
faire dans le corps de la femelle ; Spallanzani a pourtant découvert que cette fécondation s'opère hors du corps dans les
grenouilles, les crapauds et les salamandres.
Si l'on avait mis en doute la nécessité de
l'accouplement pour la fécondation, on au-

rait eu l'air d'un scepticisme absurde ; cependant on sait que les pucerons se reproduisent
sans accouplement , que plusieurs plantes
donnent des graines fécondes, quoique l'on
ait retranché les fleurs mâles, ou qu'on les
ait éloignées des plantes qui les portaient ;
enfin, que les polypes et quelques vers se
multipliaient par boutures.

Les conclusions tirées de l'induction sont
solides , lorsque les faits qui en forment les
élémens , sont rigoureusement constatés, et
universellement rassemblés ; sans ces deux
conditions, l'induction peut être fausse, et
ses conclusions d'autant plus dangereuses,
qu'elles promettent la vérité avec plus de
fondement.

On voit ainsi , combien il importe d'observer soigneusement les objets qui entrent
dans l'énumération de ces rapports , afin de
savoir ceux qu'ils ont avec les autres êtres ;
on apprend à les juger, quand on aura pu
les découvrir ; peut-être même à les soupçonner , pour avoir l'idée d'en faire la
recherche et le bonheur de les appercevoir.

Une observation bien faite éclaire une question, parce que lorsqu'on est sur la route qui conduit à la vérité, on rencontre partout ses élémens. L'absorption du gaz oxygène, par la respiration, a fait rechercher ce qu'il était devenu ; la découverte de l'acide carbonique a fait connaître sa composition, et a montré l'influence du carbone retenu dans le sang sur les mouvemens du cœur.

Cette manière de procéder peut d'abord paraître très-longue ; cependant elle est susceptible d'abréviations, en distinguant dans la foule des faits qui se présentent, ceux qui peuvent servir directement au but proposé, soit pour favoriser les idées qui déterminent la recherche qu'on fait, soit pour les détruire ; mais il ne faut pas se précipiter dans son choix, l'observation seule doit prononcer sur l'inutilité des faits qu'on rejette.

Toutes les fois qu'un phénomène composé se présente à l'observateur, l'induction lui offre le chemin de la vérité, en lui faisant analyser avec soin les conditions qu'il présente. Si l'on soupçonnait, par exemple, que le phénomène peut être produit par plusieurs causes, on apprendrait bientôt, par la destruction successive de chacune, quelle est la véritable, ou quelles sont celles qui concourent le plus efficacément avec elle pour la faire naître. La Peyronie démontra de cette manière que le siège de l'ame n'était ni dans la substance du cerveau, ni dans la glande pinéale, ni dans les corps cannelés, ni dans le cervelet, parce que la destruction de ces parties n'altérait point les facultés de l'ame ; mais il observa qu'il se trouvait dans le corps calleux, parce que le plus petit dérangement de cet organe détruisait absolument la faculté de penser. Cependant sa découverte n'est plus à l'abri de toute espèce de chicane, comme il a paru par diverses observations anatomiques, qui ont montré que le corps calleux pouvait être blessé sans ôter la vie à l'animal.

Il paraît à présent que l'induction donne des connaissances plus étendues que la seule observation : celle-ci montre ce qui frappe les sens, et l'autre ce que l'entendement

peut

peut saisir ; elle juge les faits observés ; elle perce les ténèbres de l'inconnu par les conséquences qu'elle présente ; elle fait naître des expériences et des observations nouvelles ; elle conduit ainsi par la chaîne des faits à des vérités générales ; elle est plus sûre que l'analogie ; plus pénétrante que les sens : mais elle suppose l'œil du génie pour la former et s'en servir.

CHAPITRE VII.

De l'analogie.

QUOIQUE l'analogie fasse conclure l'observateur comme l'induction du particulier au général, elle est cependant très-différente. On ne tire ces conclusions par l'induction qu'après avoir observé tous les faits sur lesquels elle doit prononcer, et ses conclusions ne sont pas plus générales que les observations ; au lieu que l'analogie plus prompte et plus hardie pousse ses décisions, au-delà de ce qui a été observé, et conclut pour l'ordinaire d'un petit nombre d'individus à toute l'espèce, ou à toutes les espèces, et quelquefois à tous les genres.

La beauté et les avantages des propositions générales engagent avec raison les philosophes à les rechercher ; mais ils sont souvent tentés de faire violence à la nature pour remplir leur petites vues, et de la circonscrire malgré son étendue dans les petites limites qu'ils lui fixent, ou de la faire sortir des bornes que son auteur lui avait prescrites.

Il est aisé de se livrer aux séductions de l'analogie; une phrase dictée par elle fait souvent faire de grands progrès aux sciences, et l'on étend considérablement ses idées sans se donner beaucoup de peine. L'analogie est quelquefois l'oreiller de la paresse; elle diminue d'un coup d'œil les travaux sur une partie de la nature dont il faudrait étudier séparément les détails; elle flatte l'amour propre en reculant rapidement les bornes de nos connaissances, ou du moins en paraissant y réussir; mais s'il est important d'employer les ressources de cette méthode, il est toujours dangereux de s'en servir, parce qu'on court toujours le risque de s'égarer.

L'analogie peut servir l'observateur dans ses efforts pour connaître la nature par ses observations et ses expériences, en étendant à l'étude d'un genre de faits les moyens employés pour en pénétrer d'autres qui ont quelques ressemblances avec les premiers. Quand Priestley fut parvenu à se procurer le gaz acide muriatique, il vit bien qu'il pourrait gazifier de même les autres substances salines, et cette idée analogique lui fournit l'occasion de les chercher, et les moyens de les découvrir.

Il en sera de même pour l'explication des effets, de l'existence desquels on s'est assuré, et dont on connaît bien tous les détails; on peut alors remarquer dans ceux qu'on connaît ainsi l'explication de ceux qu'on ignore. L'histoire de l'évolution des chrysalides fournit les détails de l'évolution des nymphes, des têtards, dont on aurait pu lire jusqu'à un certain, point de même les premières lignes de l'histoire dans l'évolution des boutons des plantes. La description des sens d'un animal instruit sur les opérations des sens de tous les autres. Le froid que l'évaporation de l'éther occasionne aux corps qu'il mouille, prépare à celui que l'évaporation de l'eau peut produire, et

montre dans les deux cas que le calorique
de ces corps, en se combinant avec la substance volatilisée, doit les réfroidir.

C'est un beau spectacle pour la philosophie que celui des conquêtes de l'analogie.
Un être qui ne peut observer tout ce qui
frappe ses sens, ni apperçevoir tout ce qui
existe, ne saurait généraliser ses idées, qu'en
étendant les idées particulières des objets
qui agissent sur lui, à tout ce qui est,
ou plutôt à tout ce qui peut être, quoiqu'il
ne le distingue pas encore, et en transpor-
tant par la pensée ces objets de l'état dans
lequel ils ont été, à celui dans lequel ils
sont, et dans lequel ils pourront être.

Newton, dans les règles qu'il donne pour
étudier la nature, prescrit l'usage de l'analogie, et comment serait-il possible de s'en
passer, si l'on ne pouvait pas conclure de
la ressemblance des effets à celle des causes,
il faudrait toujours rechercher la cause de
tous les effets? La nature des choses autorise
l'emploi de cette méthode; sans elle, il n'y
aurait plus de prudence dans les affaires;

on pourrait toujours redouter les plus grands maux au milieu des êtres qui devraient être les plus utiles ; au moins en cessant d'en faire usage, on ne serait plus fondé à leur croire encore les qualités qu'on leur a trouvées, parce qu'il n'y aurait aucune raison pour soupçonner qu'ils les ont conservées.

L'analogie indique encore les faits qu'il faut vérifier, en indiquant une foule de faits inconnus, qu'elle associe à ceux qu'on connaît, et elle déduit de ceux-ci les moyens de trouver leurs causes, en se servant des moyens employés heureusement pour découvrir celle des effets qui leur ressemblent. Quand Lavoisier eut établi que l'oxygène se combinait dans tous les corps brûlés, et qu'il n'y avait point de combustion sans cette combinaison, il pensa que l'inflammation des huiles, des esprits ardens, celle de la poudre était produite de la même manière ; il vit le phosphore exposé à l'air se consumer de la même façon ; il apperçut une foule de combustions lentes, qu'on ne soupçonnait pas, comme l'écorce des arbres noircie, la paille et les feuilles blanchies ;

dans tous ces cas, il découvrit l'acide carbonique, produit par la combinaison de l'oxygène avec le carbone, ou l'eau formée par l'union de l'hydrogène et de l'oxygène.

L'analogie abrége aussi les recherches; au lieu d'étudier individuellement tous les faits; elle rattache à ceux qu'on connaît bien tous les faits qui ont quelques rapports avec eux, et elle trouve dans l'explication d'un seul, l'explication de tous. Quand je vois les affinités de l'oxygène avec le calorique dans la décomposition de l'acide nitreux, je pense que la lumière décompose aussi l'acide carbonique dans les feuilles, et j'en ai fourni des preuves multipliées. Les travaux du physicien qui ne découvre pas toujours de nouveaux faits ou de nouvelles formules, se dirigent donc vers la ressemblance des faits qui se présentent avec-ceux qu'on a étudié.

Cette manière de procéder éclaire sur le choix des méthodes qu'on doit employer, parce qu'elle indique les phénomènes dont il faut appuyer la vérité des rapports observés, avec les rapports des phénomènes qu'on leur croit semblables. C'est ainsi que j'ai cherché les preuves de la décomposition de l'acide carbonique dans les feuilles exposées à la lumière, et que je suis parvenu à les trouver, en montrant que les feuilles mises sous l'eau bouillie ou distillée, ne donnent point de gaz oxygène au soleil ; que la quantité de ce gaz est pour l'ordinaire proportionnelle à la quantité d'acide carbonique contenu dans l'eau ; que les eaux qui font donner le plus de gaz oxygène aux feuilles perdaient cette propriété en y introduisant de la chaux, quoique celle-ci ne nuisit pas aux feuilles ; mais je rendais à ces eaux leur première propriété, en y introduisant l'acide carbonique.

Enfin, l'analogie apprend à voir, par les idées qu'elle fait naître, comme par les soupçons qu'elle inspire. Duhamel avoue que s'il a développé les organes de la poire dans ses dissections, il en est redevable aux connaissances qu'il avait de l'anatomie des animaux, et aux moyens que cette science lui avait fourni. De même l'anatomie végétale, la réunion des plantes et des tiges rompues dans les plantes, le conduisîrent à découvrir la formation du cal dans la fracture des os.

Il semblerait seulement, que l'usage de l'analogie se reserre à mesure que les grandes découvertes se multiplient, parce que le nombre de faits à expliquer diminue. C'est à l'époque des grands succès dans la physique et l'histoire naturelle, que les efforts de l'analogie se développent le plus. Il y avait long-temps que les philosophes se bornaient dans ces deux sciences, à tirer quelques conséquences particulières des faits découverts. Lorsqu'on eut trouvé les gaz, et que le génie de Lavoisier eut animé cette nouvelle science, on découvrit une foule d'analogies que l'on n'avait pas encore soupçonnées.

On voit bientôt qu'on est obligé de conclure, jusqu'à un certain point, des objets connus aux inconnus, du moins relativement aux qualités essentielles, et même, peut-être, à celles qui sont plus particulières au sujet observé. Les effets inconnus ne peuvent être contradictoires avec les effets connus ; ils peuvent bien différer, mais ils ne sauraient répugner entr'eux à aucun égard. On ne saurait imaginer dans l'Univers, l'existence de deux êtres dont les qualités essentielles se détruiraient réciproquement. Tous les êtres de l'Univers ayant pour base la même matière, doivent avoir ses qualités essentielles, étant soumis aux mêmes lois générales ; ils doivent être modifiés d'une manière convenable à ces propriétés et à ces lois ; par conséquent ils doivent avoir certains rapports de ressemblance plus ou moins frappants, suivant leurs places et leurs rôles. L'analogie serait ainsi un raisonnement solide, si l'on pouvait voir l'Univers dans l'esprit d'une intelligence, qui aurait saisi son plan ; de sorte que la solidité des conclusions de cette méthode, doit être proportionnelle à l'universalité et à la perfection de l'être qui l'emploie.

L'analogie est fondée sur les ressemblances qu'on observe dans les procédés de la nature, et dans leurs effets. Quoique les êtres qui la composent varient sans cesse, et que chacun soit en détail très-différent de tout autre, on voit bientôt qu'ils ont plusieurs qualités communes, influant sur leur manière d'exister, et déterminant les circonstances de leur vie ; ce qui doit introduire nécessairement dans leur histoire, des événemens plus ou moins semblables à l'histoire de chacun, rendre raison de leurs formes et de leurs effets, et montrer dans plusieurs, la cause de ce qui peut arriver à d'autres, placés dans des circonstances plus rapprochées de leur manière d'exister. On fait aujourd'hui les mêmes observations sur les maladies aiguës, que du temps d'Hippocrate. On a remarqué dans tous les temps la même impénétrabilité, la même inertie dans tous les corps. Quoique les diverses espèces de chenilles varient à mille égards, elles se ressemblent à mille autres ; ainsi quand on sait les événemens de la vie d'une espèce, on peut prévoir ceux de la vie d'un très-grand nombre. On peut même par la connaissance de l'économie animale d'un insecte pendant sa durée, se faire une idée de celle d'un autre insecte, et y trouver les élémens de l'économie animale des autres animaux, et peut-être de celle des êtres organisés. Tout, au moins, semble fait sur un plan qui ramène tout à la même formule; aussi ceux qui ont fait de grands progrès dans une partie de l'histoire naturelle, ne sont pas éloignés d'en faire de semblables dans les autres.

L'ouvrage d'un être nécessaire devait être, comme on s'exprime, celui d'une sagesse et d'une intelligence infinie ; il devait donc être formé sur un plan, dont les parties fussent en rapports, plus ou moins généraux, avec le but principal ; ces rapports doivent donc former des traits de ressemblance, et par conséquent les sources d'analogie qu'on remarque dans la nature, dès qu'on l'observe avec attention.

Pour employer utilement l'analogie, il faut constater par l'observation les traits de ressemblance saisis entre les effets ou les causes qu'on croit analogues ; alors chaque proposition particulière étant formée sur chaque espèce ou sur chaque individu ; on conclut que ces effets ou ces causes se produisent ou agissent de même dans tous les êtres, ou dans cette classe d'êtres, dont on les voit constituer la nature. C'est ainsi qu'on lit l'histoire des phénomènes généraux de toutes les plantes, dans une seule.

L'analogie est donc pour un esprit sage le fruit de l'observation ; soit parce qu'elle trouve les vérités qu'elle forme, dans les observations qu'on a faites, soit parce que l'observation devient le garant de ses conclusions par leur nombre et leur exactitude. On applaudit aux découvertes de Géoffroi sur la laque, lorsqu'il décide qu'elle est l'ouvrage des insectes. Il montre au moins la ressemblance du travail des fourmis volantes avec celui des abeilles ; il fait voir des alvéoles uniformes qui sont les berceaux des petits ; il y remarque de petits corps qui peuvent être les embryons de ces insectes, ou les enveloppés de ceux qui en sont sortis ; comme on le voit dans les noix de galles et autres excroissances, produites par la piqueure des insectes. Ces petits insectes teignent l'eau ; ils y prennent la forme de la cochenille, et ils donnent seuls à la laque sa couleur. Enfin, tandis que la cire brûlée répand une bonne odeur, ces petits corps en brûlant en donnent une fort mauvaise, assez semblable à celle des parties animales consumées au feu.

Les faits les mieux observés ne suffisent pourtant pas toujours pour indiquer ceux qui échappent à nos sens. On ne peut représenter l'inconnu avec les traits du connu, sans former des êtres imaginaires, comme il arriverait à celui qui se peindrait la vie et les mœurs des animalcules des infusions, d'après les animaux qui sont sous nos sens, quoiqu'ils aient avec eux de grands rapports, tels que le mouvement, le besoin de nourriture, les maladies, l'usage de l'air, leurs chasses, leur multiplication; mais ils diffèrent pourtant par leurs forces, leurs formes, leur manière de se multiplier etc. Quoique les planètes ressemblent à notre terre par divers rapports; on ne peut s'empêcher de regarder comme un roman à peine philosophique les arrangemens de Huygens pour la constitution de ces mondes, pour la nature de leurs habitans ; parce qu'il prend tous ses modèles sur notre terre, et qu'il arrange toujours ce qu'il ne peut appercevoir sur ce qu'il voit.

Il faut se défier des rapports apparents qui sont des sources d'erreurs. Quelques minéralogistes ont fait entrer les granits dans la classe des marbres, quoiqu'ils ne se ressemblent que par leurs surfaces ; mais quand on les analyse, on ne trouve plus rien qui puisse les rapprocher. C'est pour cela que la minéralogie ne s'est perfectionnée que depuis qu'on a cherché par l'analyse chimique des moyens plus sûrs pour distinguer, et caractériser les minéraux.

Lorsque les effets auront été reconnus parfaitement semblables dans les mêmes circonstances ; lorsqu'ils auront présenté les mêmes apparences : on peut conclure que les mêmes circonstances concourent à produire les mêmes effets, et qu'ils ont les mêmes causes. Le raisonnement qu'on fait alors est une simple application de l'observation, et l'analogie présente toute la vérité que les faits eux-mêmes peuvent offrir. C'est ainsi qu'on croit, que les corps tombent au Pôle, et que la cause de leur chûte est la même par-tout. C'est ainsi que Jussieu conclut que le Ginseng du Canada est le même que celui de la Chine ; parce que le degré de latitude, la qualité du terroir, la position des montagnes, l'aspect des marais, la ressemblance des feuilles, des pédicules, des fleurs, des fruits, des tiges, des racines, et des effets ne permettent pas de croire qu'il y ait une différence entre ces deux plantes.

L'analogie est encore plus forte, si l'on peut montrer que les causes de deux effets sont de la même nature, quoiqu'ils n'ayent pas la même intensité ; alors on conclut qu'ils diffèrent par le degré. La Condamine attribuait la déviation de la ligne à plomb au pied de la montagne du Chimboraço à la gravitation de cette montagne colossale ; la théorie le fait présumer et les observations de Maskeline auprès des montagnes de l'Angleterre le confirment. Spallanzani trouva une analogie bien marquée

quée entre la reproduction de la patte de l'Ecrevisse, et celle de la Salamandre, toutes deux sont renfermées dans une sorte d'étui membraneux et transparent où l'on peut voir l'embryon de la patte qui y est logée.

On ne doit pourtant employer l'analogie que pour des objets du même genre, afin que chacun des attributs de chaque objet, ou du moins le plus grand nombre puissent être vérifié par ceux de l'autre, et que les élémens de la conclusion soient autant qu'il est possible dans la nature; autrement la comparaison pourrait devenir imparfaite et les conséquences qu'on en tirerait seraient fausses ou douteuses. Les analogies cherchées dans les plantes pour expliquer quelques phénomènes du règne végétal, sont plus solides que celles qu'on déduit du règne animal; quoique les êtres de ces deux règnes, ayent les rapports que doivent avoir les êtres organisés; cependant il y a des circonstances où les uns peuvent servir de moyens pour faire connaître les autres; la nature a des lois qui s'étendent à tous les règnes. La préexistence des germes à la fécondation est aussi vraie pour les animaux que pour les végétaux ; en observant les différences produites par l'état même des êtres comparés.

Il ne faut pas étendre trop rapidement l'analogie : quand on a découvert quelque ressemblance entre les objets , on doit comparer une classe avec une autre , peut-être même resserrer d'abord les comparaisons entre les espèces les plus voisines. Toutes les chenilles des papillons de jour ne se changent pas en chrysalides. Toutes celles qui font des coques de soie ne les font pas dans l'air et ne se contentent pas de les couvrir de soie. Parce qu'on remarque des espèces d'abeilles qui mènent une vie solitaire , et parce qu'il y en a qui vivent en société , on se tromperait en assurant qu'il y en a seulement qui ont ces mœurs.

. Les conclusions fournies par l'analogie prennent de la consistance , quand elles sont développées , et quand on les voit découler du même principe ; alors le nombre et la force des ressemblances tiennent lieu de preuves directes. C'est ainsi que Franklin établit la ressemblance de l'étincelle électrique avec l'éclair; il serait difficile d'en trouver qui fussent plus fortes et plus nombreuses. J'en rapporterai quelques unes; les sillons de l'éclair sont anguleux, l'étincelle électrique est aussi anguleuse, quand elle est tirée d'un corps régulier par un corps irrégulier, ou dans un espace où les conducteurs sont disposés irrégulièrement. L'éclair frappe tous les objets pointus et élevés; de même les conducteurs pointus reçoivent le fluide électrique plus promptement, que ceux qui sont terminés par une surface plate. L'éclair s'empare des meilleurs conducteurs comme l'électricité dans la décharge de la bouteille de Leyde. L'éclair brûle comme le fluide électrique. L'éclair et l'étincelle fondent les métaux, aveuglent et tuent les animaux; rendent folles les aiguilles aimantées. Enfin Franklin tira des nuages orageux par le moyen d'un cerf-volant disposé pour cette expérience des étincelles absolument semblables à celles qu'on tire des corps électrisés.

Quoique l'analogie ne se présente pas toujours avec cet appareil de solidité, elle peut se permettre une liberté plus grande. Remarque-t-on une convenance entre diverses propriétés de quelques êtres, on peut l'étendre à ceux qui paraissent les annoncer, et cela fournit quelquefois des idées heureuses. On sait que les planètes premières et secondaires de notre système avec quelques-unes de ses comètes sont balancées par l'action des forces centrales, et l'on conclut que tous les corps célestes sont soumis à la même loi : cette conclusion paraît d'abord hasardée, parce qu'on ne découvre rien dans le ciel qui ressemble à notre système ; mais la ressemblance des étoiles avec le soleil, la possibilité des systèmes de soleils semblables au notre ; celle d'un corps central qui servirait de point d'appui à l'univers ; la probabilité que les observations donnent à cette grande idée ; la certitude que les corps célestes sont faits avec la même matière que ceux de notre système, et qu'ils doivent être soumis aux mêmes lois ; enfin, la connaissance de l'influence heureuse que la force de projection combinée avec celle de la gravité a pour expliquer les phénomènes de notre système, indiquent fortement qu'une loi sage peut régir l'univers , comme elle régit un de ses départemens!

Dans un système où tout est lié, il doit nécessairement y avoir des rapports entre les parties qui le forment, et ces rapports sont les liens eux-mêmes qui unissent les parties. Aussi quelques propriétés d'un être étant données, leurs rapports possibles , avec ses propriétés inconnues, sont jusques à un certain point déterminées ; mais ce problème indéterminé sera d'autant plus resserré, et les conclusions analogiques qu'il fournira seront d'autant plus sûres, que le nombre des propriétés reconnues semblables sera plus grand ; parce qu'il est plus difficile de combiner des propriétés différentes avec plusieurs propriétés données , que lorsque leur nombre est plus petit. L'analogie trouvée entre les planètes et les comètes s'étend à un si grand nombre de cas bien observés , qu'on peut raisonnablement soupçonner , qu'elle doit s'étendre encore aux cas qui ne sont pas connus. Il paraît de là, que les conclusions de l'analogie sont d'autant plus exactes , que le nombre des propriétés connues dans les êtres, dont on cherche les ressemblances, sera plus considérable ; parce qu'on sera plus sûr de leur avoir donné toute leur étendue, et que les propriétés ressemblantes seront plus capitales , et détermineront mieux les rapports de l'analogie. Il faut pourtant avouer, que si l'on avait un effet qui n'eût qu'un petit nombre de rapports avec les autres , l'analogie serait sans moyens pour l'expliquer : c'est ce qui arriva à Trembley après la découverte du polype ; mais l'observation remplaça bientôt les ressources que l'analogie ne lui présenta pas d'abord.

Quelles sont les bornes qu'on doit mettre à l'usage de l'analogie ? Son emploi est un écueil fameux par d'illustres naufrages. Un esprit timide craint de passer le but qu'il se propose ; mais cette crainte peut être un obstacle invincible pour l'atteindre ; cependant si cette crainte empêche de révéler plusieurs secrets de la nature, elle écarte aussi beaucoup d'erreurs dangereuses. Les nouvelles découvertes ont prouvé les dangers de l'analogie, en détruisant les règles générales trop légérement formées. Un animal qui se reproduit par boutures, comme le polype et quelques vers. Un animal qui se multiplie sans accouplement, comme le polype et le puceron, ont renversé cette loi qu'il n'y avait point de multiplication parmi les animaux sans accouplement.

La nature est trop compliquée dans sa simplicité, trop variée dans son uniformité, pour qu'on puisse se livrer aux idées générales qu'elle fait naître. Comment prononcerait-on que plusieurs êtres ignorés ont telles ou telles propriétés qu'on n'observe pas dans quelques espèces ? Les bornes qu'on prescrit à la nature ont souvent détourné les regards de plusieurs faits, qu'on aurait remarqué sans elles. Mais comment croire impossible un fait qui n'est pas contradictoire ? si l'on avait imaginé, il y a quelques années, que l'air et l'eau étaient des êtres composés, on aurait été mis au rang des visionnaires, et il y a plus d'un physicien qui a refusé de croire ses sens quand on lui a démontré la décomposition de ces élémens. La découverte des ballons

sera toujours une excellente leçon de logique ;
elle montrera toujours, que ce que l'on a
cru impraticable ne l'est pas, parce qu'on le
croit tel, mais parce qu'on néglige souvent
les moyens de l'essayer.

Il est toujours très-difficile de se servir
de l'analogie, parce qu'une ressemblance à
un égard ne rend pas toujours les autres
nécessaires. Les naturalistes qui avaient étudié
les métamorphoses des chenilles crurent que
celles des vers qui forment une coque leur
étaient semblables, et ils se trompèrent. Soup-
çonnerait-on que l'optique peut servir à la
perfection de l'acoustique, parce qu'on a remarqué quelques rapports entre les sons et
les couleurs prismatiques ? Si l'on a distingué
sept tons, comme on compte sept couleurs,
on a observé aussi, en les comparant, que
les espaces entre ces couleurs et ces tons
différens n'étaient pas égaux, et qu'il était
presque impossible à la vue la plus fine,
de distinguer le passage d'une couleur à
l'autre. Une couleur est formée par de petites
particules mues avec une certaine vîtesse.
Un ton est un rapport avec un autre son

qui n'a rien de déterminé. Le son ne parcourt que 180 toises par seconde, et la lumière plus de 10,000 lieues. Il y a une grande différence entre l'organe de la vue et celui de l'oreille ; les sensations de celle-ci sont plus fortes que celles des autres sens. Un air gai ou triste excite une impression beaucoup plus vive, qu'un assortiment quelconque de couleurs. L'organe de la vue est composé de substances fluides ou très-molles ; celui de l'ouïe paraît formé par des matières solides et dures. Au reste, j'ai voulu seulement montrer qu'une ressemblance frappante peut bien faire soupçonner une analogie entre les êtres qui l'annoncent, mais elle ne saurait la démontrer.

Les limites de l'analogie seront donc celles que la nature présente dans la ressemblance des êtres qu'on veut comparer ; l'observation a du moins repoussé plusieurs barrières entre lesquelles on avait voulu renfermer ses effets. Les moyens de la nature sont immenses, les êtres qui la composent sont très-nombreux ; ils s'étendent de l'infiniment grand à l'infiniment petit, tandis que nos idées sont bornées

comme nos efforts et notre faculté d'appercevoir.

Il résulte de ces considérations, qu'il faut
se défier des argumens analogiques, lors même
qu'ils annoncent quelque vraisemblance. Spallanzani avait vu que le suc gastrique des
chouettes et des ducs ne pouvait digérer les
matières végétales, il voulut essayer encore
le suc gastrique des faucons ; il leur fit avaler
des tubes remplis de pain, au milieu desquels
il y avait de la viande ; celle-ci fut dissoute, et
le pain fut intact : cependant l'aigle digère
le pain quoiqu'elle répugne à le manger.

Il faut donc se convaincre que l'analogie
n'est pas une démonstration. La nature a
mille variétés qu'on ne peut prévoir ; on conclut souvent, ou du moins on peut le faire,
comme si ces variétés n'existaient pas : d'ailleurs il est presque toujours sûr qu'un être,
quelque analogie qu'il ait avec un autre, en
diffère à mille égards, quoiqu'on ne soupçonne pas d'abord ces différences. En général, l'analogie tirée de la ressemblance
extérieure à l'intérieure n'est pas toujours

exacte, comme on ne saurait rien conclure de la différence intérieure des objets par celle de leur extérieur.

Une comparaison n'est pas une preuve, et l'analogie n'est qu'une comparaison. On ne peut estimer les degrés de ressemblance entre les phénomènes qu'on croit analogues, parce qu'on ne les connaît pas assez ; mais l'analogie peut mener à des résultats aussi variables, que les divers points de comparaison trouvés entre les êtres qu'on lui veut soumettre ; parce que chacun d'eux présente ces objets sous un point de vue particulier, qui peut faire varier les conséquences qu'on en tire.

On est souvent séduit par une ressemblance qui ne saurait décider les autres ; des êtres différens peuvent avoir des rapports particuliers, sans avoir ceux qui seraient essentiels pour fonder l'analogie. Les physiciens qui crûrent trouver cette analogie entre les effets de la rosée et ceux de l'électricité se trompèrent, parce qu'ils ne l'établirent que sur un très-petit nombre de faits. Ils avaient remarqué que les vaisseaux de verre se couvrent de rosée, et que ceux de métal la repoussent; ils savaient que le verre est électrique par lui-même, tandis que les métaux ne le sont pas ; mais ils n'avaient pas vu qu'un vase rempli de terre humide reçoit plus de rosée qu'un vase plein de terre sèche, quoique rien ne soit moins électrique par soi-même que l'eau.

Il y a d'ailleurs une foule de cas et de circonstances propres à tromper ceux qui observent sans attention ; ainsi, l'on a pris souvent un animalcule qui se multiplie par division pour deux animalcules accouplés ; mais quand on cesse d'être entraîné par l'analogie, quand on parvient à isoler l'animalcule , et à lui voir opérer sa division, il est facile de se persuader, que l'analogie soupçonnée avec quelques fondemens , n'est pas toujours une analogie prouvée avec solidité.

Il y a une autre espèce d'analogie indispensable dans l'étude de la nature, lorsqu'elle est maniée avec habileté, c'est celle que les grands naturalistes ont employée pour appuyer

leurs déouvertes des causes des phénomènes.
La nature ne peut à rigueur s'expliquer que
par la nature, quand ses faits sont bien
connus; après avoir établi leur certitude, il
faut montrer leur liaison dans le système des
êtres, ou plutôt découvrir leurs causes par
leur analogie avec des faits bien observés;
ainsi, l'on voit les poissons respirer l'air dans
l'eau comme les animaux terrestres, puisque
le gaz oxygène diminue dans l'atmosphère
aqueuse, où on les fait vivre; puisqu'ils périssent dans l'eau privée d'air, ou dans la
même eau renfermée, quand elle n'est pas
renouvelée. Quand Spallanzani vit quelques-
unes de ses graines résister à une chaleur
excessive, il pensa aux tremelles qu'on trouve
dans quelques eaux thermales; il vit les animaux supporter une forte chaleur, et il montra
par une analogie tirée du même règne, et
d'un règne différent, que les corps organisés
peuvent supporter une chaleur qui paraît
d'abord si extraordinaire.

Ces rapprochemens rendent l'histoire naturelle plus instructive. Je m'étonne toujours qu'on n'ait pas senti la beauté du tra-

vail d'Aristote dans son histoire des animaux ; et qu'on n'ait pas cherché à l'imiter dans les différentes parties de l'histoire naturelle. Pour avoir une idée de l'animalité, il ne suffit pas de peindre des individus, il fallait, comme le philosophe grec, rapprocher leur variétés, et peindre les mêmes organes de tous les animaux à côté les uns des autres, afin de pouvoir suivre toutes les formules de la nature, pour faire, par exemple, les yeux et les oreilles de chaque espèce, d'une manière convenable à son état : on découvre ainsi les procédés qu'elle suit dans chaque circonstance, et comment elle les modifie dans les cas différens. Telle est encore la marche de Spallanzani dans ses découvertes ; il les fait avouer par la nature elle-même à qui il demande ses preuves. Les estomacs de tous les animaux lui montrent la cause de la digestion dans la dissolution des alimens par le suc gastrique. Il rend de la même manière probable la préexistence des germes à la fécondation.

Les résultats analogiques sont souvent d'excellentes réponses aux objections, surtout quand on peut montrer que les objections faites contre une théorie, peuvent se faire également contre des faits reconnus pour vrais. Si l'on nie, par exemple, la préexistence des germes à la fécondation, il faut nier encore que le têtard existe avant la fécondation : ce qui serait manifestement contraire à l'observation et à l'expérience.

Quoique j'aie fait craindre les dangers de l'analogie, je suis bien éloigné d'en proscrire l'usage : la plupart des découvertes importantes ont été son ouvrage. Si l'on en espère de nouvelles, une sage analogie encourage nos espérances. L'homme de génie pèse avec scrupule toutes les probabilités ; il calcule leur force ; il ne trouve que des ressemblances réelles ; il les prévoit, quand elles ne sont pas bien marquées ; il les devine, quand elles se cachent, et triomphant de la nature, il la pénètre par sa sagacité, quand il ne peut l'effleurer que légérement par ses sens.

Il y a dans la nature une foule de phénomènes qui agissent d'une manière imperceptible ; on est parvenu à les reconnaître par des effets qui ont fait chercher leurs causes.

Tel est le fluide électrique, dont on ne peut observer la présence, que lorsque son équilibre est rompu quelque part. Telles sont les vapeurs aqueuses qu'on a découvertes, en réfléchissant sur les différentes circonstances des substances hygroscopiques : mais il ne suffit pas de voir ces effets, il faudrait encore pénétrer leurs causes, et c'est ici que l'analogie peut fournir de grands secours. On voit, par exemple, que la chaleur qui rend fluide les corps solides en s'unissant à eux, peut expliquer la formation des vapeurs, des gaz qui sont des fluides plus subtils. Si l'on explique de cette manière, ce qu'on ne saurait expliquer autrement ; si cette explication n'est pas dénuée de fondemens, on ne voit pas ce qui pourrait la faire rejeter, quoiqu'on ne puisse pas en avoir toujours une démonstration rigoureuse.

CHAPITRE

CHAPITRE VIII.

Des lois générales.

LE mot *loi*, employé par les naturalistes et les physiciens, signifie une proposition qui renferme les conditions propres à caractériser plusieurs phénomènes, de manière qu'elles donnent l'exclusion aux autres. On peut y voir aussi l'expression de la volonté du créateur, puisque tout ce qu'on observe en est manifestement l'effet.

Les lois générales sont donc ces résultats généraux produits par des rapports particuliers existans entre les êtres de l'univers. Les lois générales que les hommes ont découvertes sont plus particulières que celles-ci ; elles sont les résultats généraux des rapports particuliers existans entre les êtres de l'univers qu'on a pu étudier, dont on a pu découvrir quelques qualités, et dont on apperçoit le lien qui les unit à d'autres, ou à la somme de ceux qu'on connaît.

On les appelle *lois*, parce que la liaison des rapports observés entretient l'ordre et l'harmonie du monde, en déterminant les propriétés des êtres de cette chaîne dans toutes leurs circonstances ; parce qu'elles paraissent leur imposer l'obligation d'être ce qu'ils sont, pour produire constamment leurs effets. Cette détermination invariable, constante, uniforme, semble écrite de la main même de Dieu sur le germe de tous les êtres qui doivent se développer, sur la substance de tous les élémens prêts à les composer, sur toutes les parties de l'univers combinées avec les autres ; mais tout paraît suivre constamment sa destinée, en se développant au temps marqué, et en conservant toujours en tout le même extérieur avec les mêmes modifications. L'auteur de ces résultats peut sans doute les varier par des dispositions nouvelles, s'il le juge nécessaire à ses vues et au bonheur des êtres pour lesquels il l'a fait. Qui bornerait sa puissance, et qui douterait de la sagesse de ses plans ?

Ces résultats seront d'autant plus généraux qu'ils seront formés par un plus grand nombre de rapports entre un plus grand nombre d'effets différens. Telle est la gravitation universelle agissant toujours sur tous les êtres terrestres, sur tous ceux de notre système, et probablement sur ceux des étoiles qu'on apperçoit. L'influence de la gravitation dans notre système est trop générale, trop uniforme pour être renfermée dans des limites aussi étroites; elle y remplit trop bien les vues qu'on y découvre; elle y paraît trop calculée sur les propriétés de la matière pour être restreinte à celle de notre système; d'ailleurs, les impressions de cette force sont déterminées par les corps centraux, autour desquels sont placés les corps qui en éprouvent les effets; mais dès qu'on imagine des corps centraux, il faut imaginer la gravité pour mettre en mouvement les corps qui circulent autour d'eux, et un corps central qui fixe et détermine la place des autres, comme leurs mouvemens.

On ne doit pas confondre ces résultats généraux avec ceux que notre vue faible fait découvrir. Ces derniers, fondés quelquefois sur des observations isolées, ou resserrées dans un petit nombre d'objets, s'évanouissent bientôt quand on les considère avec plus d'attention, et périssent comme les enfans mal constitués, d'abord après leur naissance. La nature désavoue toujours les lois qu'elle ne trouve pas dans son code.

L'univers doit être composé de résultats généraux ; il paraît au moins plus conforme aux procédés de l'infinie sagesse de n'avoir qu'une volonté toujours efficace, produisant les différens phénomènes qui composent le monde, que s'il y avait autant d'actes de volontés que d'effets ; d'ailleurs comme cette idée de beauté attachée aux idées générales est commune à tous les esprits, et comme cette idée paraît produite par les rapports particuliers aux êtres qu'on trouve beaux ; il semblerait que Dieu a voulu nous la donner pour nous fournir les moyens de découvrir les lois générales du gouvernement du monde, et de les admirer ; mais peut-être cette idée de la beauté est inséparable de l'intelligence, afin qu'elle puisse agir d'une manière avantageuse ; quoiqu'il en soit, les hommes saisissent ces lois générales dans le gouvernement du monde, et ils les emploient autant qu'ils peuvent dans leurs petits effets, soit parce qu'elles résultent naturellement de la combinaison de leurs idées, soit parce qu'ils l'ont appris dans la contemplation de la nature. D'ailleurs si les divers événemens qu'on observe n'étaient pas les résultats des lois constantes et générales, il n'y aurait plus parmi les hommes ni prudence, ni dessein ; on ne pourrait plus attendre des causes qu'on aurait vu agir une fois les effets qu'elles auraient dû produire, et l'on serait étonné tous les matins de voir la fin de la nuit et le lever du soleil. L'avenir serait sans rapports avec le présent ; l'homme et les animaux seraient les jouets du hasard ; ils ne pourraient rien prévoir, rien prévenir, rien produire avec quelque probabilité de succès. La pesanteur influe sensiblement sur tout ce qui existe. Tous les fluides exercent généralement leur pression en tout sens, mais il y a une foule de lois semblables qu'il est aisé de remarquer.

Pour bien connaître ces résultats, il faudrait avoir toute la nature sous ses yeux, appercevoir tous les rapports des êtres qui la composent, suivre tous les effets qu'elle a produit, ceux qu'elle opère, ceux qu'elle varie suivant les circonstances, ou qu'elle suspend pour les reproduire ; en un mot, il faudrait voir la liaison de toutes les parties de son ensemble, montrer les dents de toutes ces roues qui s'engrainent les unes dans les autres, et qui, par ces engrenages merveilleux, meuvent sûrement tous les rouages de la grande machine. On remonterait ainsi par une rigoureuse analyse de la dernière roue qui est mue à celle qui met en mouvement non-seulement toutes ces roues subalternes, mais encore tous les rouages surbordonnés au premier, qui est la source du mouvement et de l'ordre de notre système, de tous les systèmes, et de toutes les parties visibles et invisibles de cet univers, non-seulement pour ce temps, mais pour toute la durée des êtres finis.

On est bien éloigné d'avoir ces idées ; on ne connaît pas tous les genres ; dans les

genres, on ne connaît pas toutes les espèces, et dans les espèces, combien de variétés qui échappent. La planète Herschel
et ses satellites, la planète Piazzi, le Platine,
l'Ourane, le Strontiane, le polype, et tant
d'autres espèces d'animaux, de végétaux
et de minéraux sont autant de découvertes,
qui en font soupçonner encore ; mais comment
faire des règles sûres pour ce qui est inconnu ?
sur quoi fondera-t-on ses rapports avec ce
qui est connu ? Il est donc certain qu'on
s'expose à l'erreur en formant trop vîte
des résultats généraux ; c'est à la nature
seule à les montrer dans les phénomènes,
et au génie à saisir les caractères qui les
peignent avec les rapports qui les établissent.

Il n'est donc pas aisé de découvrir les
lois générales, ou plutôt de reconnaître celles
qui sont particulières à notre globe, ou
même à un petit nombre d'êtres qu'on peut
y observer : voici quelques méthodes qui
pourraient servir à vaincre les obstacles
qu'on pourra rencontrer.

Quand les sens auront observé avec soin

les phénomènes dont on s'occupe, ils les présenteront à l'ame pour qu'elle en fasse l'objet de ses méditations ; alors une attention soutenue et réfléchie peut distinguer les effets semblables, remarquer les rapports qui établissent leurs ressemblances, discerner quelquefois l'effet le plus général sur lequel on peut fonder ces ressemblances et ces rapports ; alors l'universalité de cette cause ou de ce résultat, sera proportionnelle à à la variété ou au nombre des êtres qui auront ces rapports. Quand on a les faits sous les yeux, il est aisé de les recueillir, de pénétrer leur liaison, de discerner leur dépendance mutuelle, de voir leurs systèmes particuliers sortir de systèmes plus généraux, de remonter ainsi du simple au composé, et s'il est possible, d'arriver à la gravitation universelle, qui est l'effet le plus général qu'on connaisse, jusqu'à ce qu'on voye celui-ci devenir une conséquence de quelque autre, qui sera la loi souveraine de l'univers. Il faudrait le génie de Newton pour créer cet ordre de choses, découvrir ce ressort caché qui influe sur tous les êtres qu'on

sonnaît, ou seulement sur une partie considérable d'entr'eux.

On ne comprend pas pourquoi les lois du
mouvement sont restées si long - temps dans
l'obscurité ? Pourquoi au milieu des êtres qui
se meuvent on n'a pas cherché comment ils
se mouvaient ? Pourquoi l'on n'a pas remarqué ce qu'il y avait de différent et de commun dans les mouvemens qui peuvent nous
frapper ? Ce n'est pourtant guères que depuis
un siècle et demi que ces lois sont connues ,
et c'est seulement depuis moins de temps
qu'elles ont été approfondies : il n'y avait
cependant rien de plus facile, que les expériences propres à les trouver, ni rien de
moins difficile, que de les généraliser : quelques boules poussées avec peu de force dé-
voilaient ce phénomène important. On pouvait remarquer d'abord que le mouvement
s'exécutait en lignes droites , et que le
corps mu suivait la direction qui lui était
imprimée, tant qu'il ne rencontrait aucun
autre corps, ou qu'il n'éprouvait l'effet d'aucune force propre à le détourner. On re-
marqua ensuite qu'un corps poussé par deux

forces ne suivait la direction ni de l'une ni de l'autre, mais qu'il tenait une direction moyenne entr'elles ; en sorte qu'un corps mis en mouvement pour parcourir les deux côtés d'un parallélogramme, parcourait sa diagonale ; on appliqua cette découverte au mouvement curviligne qu'elle explique parfaitement, en supposant les courbes polygones à la place des courbes rigoureuses. On observa de même que l'action était toujours égale à la réaction. Tous les phénomènes de la mécanique céleste et terrestre s'expliquent d'après ces lois qui sont les plus générales ; la répétition constante de leurs effets, leur uniformité parfaite annoncent qu'elles sont déterminées par la nature elle-même de la matière, et comme la matière n'éprouve aucune modification que par le mouvement, il s'ensuit que les lois du mouvement sont les plus générales, qu'elles influent sur tous les effets, et que la gravité elle-même lui est soumise, si on la considère avec Lesage comme un effet de l'impulsion.

Mais pour s'assurer que la loi soupçonnée est dans la nature, il faut qu'elle soit le fruit de plusieurs observations soignées, qui établissent invinciblement les rapports particuliers, et qui produisent ainsi le phénomène général. On a remarqué de cette manière que tous les corps pouvaient se mouvoir ; qu'ils résistaient tous au mouvement ; qu'ils perdaient le mouvement qu'ils communiquaient aux autres corps ; qu'ils se mouvaient en lignes droites, et que l'action était égale à la réaction : c'est ainsi que dans tous les cas particuliers, on a vu les mêmes effets, qu'on les a observé dans les mouvemens curvilignes, que les corps mols, élastiques et durs sont soumis à ces lois, et que les différences qu'ils font naître résultent de leur nature particulière, et sont les corollaires des autres observations ; mais on voit déjà que les effets sont proportionnels aux causes ; qu'ils sont modifiés par toutes les causes invariables qui agissent sur eux d'une manière propre à montrer toujours la loi générale. Enfin, les effets accompagnent constamment la cause. C'est une loi qu'on trouve de la glace quand on s'est élevé à une certaine hauteur au-dessus du niveau de la mer, mais cette hauteur

varie suivant les latitudes, et quelques circonstances particulières.

On reconnaît les lois générales, parce
qu'elles embrassent un grand nombre d'objets; parce que les plus générales déterminent
les plus importantes, et qu'elles souffrent
peu d'exceptions. Les lois de la gravitation
règlent le cours des astres avec plus de précision que les lois qui président à la génération des animaux : aussi quand ces lois sont
gênées, elles se modifient pour vaincre les
obstacles qu'elles rencontrent, et les dérangemens observés sont encore les conséquences
de ces lois, comme on le voit dans les perturbations des planètes.

Les retours périodiques plus ou moins
éloignés, mais toujours exacts, établissent
l'existence des lois de la nature, et les
font reconnaître d'une manière plus évidente. Je crois que si l'on avait étendu
davantage cette observation, on verrait que
tout est soumis à un périodisme particulier,
renfermé dans des périodismes plus généraux; il semble que cette idée doit prendre

une grande consistance , quand on suit le mouvement des astres , et quand on considère que ce périodisme est la base de la permanence de la nature.

Les lois générales sont difficiles à établir. Il y a diverses substances , comme l'aimant, l'électricité, qui n'offrent encore aucune ressource pour déterminer les lois générales ; comme ces lois sont simples , il faudrait simplifier les expériences, et les dégager de toute influence étrangère, qui serait propre à masquer la loi ; mais il faudrait connaître ces circonstances avec l'altération qu'elles doivent causer au succès de l'expérience. Un des pôles de l'aimant attire, l'autre repousse ; l'effet est toujours complexe. On ne peut réduire l'aimant à un seul pôle ; de sorte que la direction est toujours troublée. Le fer participe aux effets de l'aimant quand il reste en expérience, et l'on ignore si l'aimant conserve alors sa force.

On suppose toujours dans les phénomènes une uniformité plus grande que celle qui existe ; en voyant les objets séparés avec le petit nombre des rapports qui nous frappent, on ne pense pas à en imaginer d'autres, et l'on ne voit pas que ces rapports combinés avec ceux qu'on ignore doivent souffrir des modifications qui empêchent de remarquer pleinement les effets qu'on devrait attendre ; ce qui trompe souvent dans les jugemens qu'on porte sur ces lois et leur généralité.

Il faut éviter de généraliser trop vîte les idées fournies par l'expérience et l'observation ; si le fait principal, qui doit être la clef du phénomène, n'est pas encore connu, il est impossible de conclure généralement avec sûreté ; il faut donc non-seulement le connaître, mais encore avoir observé tous ses rapports. C'est ainsi que l'on connaît le poids de l'air par l'ascension de l'eau dans les pompes, par l'élévation du baromètre ; lorsqu'on boit, lorsqu'on suce, lorsque l'enfant tète ; dans la fumée qui monte, dans le ballon de verre où on le pèse. Cette réunion peut cependant être trompeuse, parce qu'en approchant de la vérité, on doit trouver plus d'aisance à unir ces rapports, quoique toute la vérité ne soit pas encore connue. Les analyses chimiques paraissaient bonnes avant la connaissance des gaz, quoiqu'elles fussent bien éloignées de la perfection qu'elles ont acquises; cependant on pouvait croire qu'on tenait la vérité par l'uniformité des rappports observés, et leurs consonances avec ce qu'on connaissait.

Lorsqu'un corps, ou un système de corps aurait plusieurs rapports avec d'autres, il faudrait toujours distinguer les rapports qui sont propres à chacun, comme espèce ou individu; par ce moyen on n'appliquera pas à certains corps les lois observées dans d'autres. Telle fut l'erreur de ces médecins qui expliquaient les phénomènes de l'économie animale par des leviers et des poulies, ou de ceux qui ne virent que des fermentations et des effervescences; ou de ceux qui ne rêvent que des combinaisons de gaz.

On perd le fruit de l'observation en généralisant trop les conséquences qu'on en a tirées, parce que leur généralité est déterminée par les rapports des êtres dont on s'occupe, avec ceux qui agissent sur eux; de même que lors qu'on donne aux conséquences plus de réalité qu'elles n'en ont. Il est sans doute utile de considérer ses idées, et de chercher leurs originaux dans la nature, mais c'est un moyen de la questionner qui pourrait être un obstacle à bien des découvertes ; quand les idées qu'on formerait par ce moyen paraîtraient justes, elles ne sauraient être l'interprétation de la nature, que lorsqu'elles seraient avouées par elle. Lambert, après avoir dessiné dans ses *lettres cosmologiques*, les orbites des mondes et montré l'ame qui les meut dans la gravitation, n'offre cependant ces idées vraisemblables que comme des possibilités, dont il espère que la postérité démontrera l'existence. Newton, à la fin de son optique, propose des questions, où il fait voir que le grand homme s'élance toujours vers la science sans prétendre tout savoir ; qu'il faut comprimer ses idées quand les observations ne sont pas concluantes, lors même qu'elles sont très-probables ; cependant plusieurs de ces idées, que Newton a proposées comme des doutes,

ont

ont été vérifiées par les nouvelles découvertes. Enfin, ce grand homme montre combien les idées du génie sont précieuses, puisqu'elles dévancent la vérité.

Il serait peut-être possible de reconnaître les lois générales à leur grande simplicité, et à leur constante uniformité ; on les voit s'étendre et se simplifier à mesure qu'elles se généralisent : Telles sont les lois du mouvement composé, du mouvement simple, de la gravité dans les phénomènes généraux ; telles sont celles de la respiration et de l'irritabilité dans les animaux, de la transpiration sensible, et de la suction dans les végétaux ; mais il y a peu de phénomènes particuliers qui soient uniquement l'effet immédiat de ces lois, comme je l'ai déjà remarqué ; aussi cette multitude de causes concourantes pour produire un phénomène, devient un des obstacles les plus grands à la découverte de leur théorie, et la source la plus féconde de nos erreurs. Quand on observe un phénomène, on ne voit qu'un effet, et l'on s'arrange d'abord pour lui donner une seule cause ; mais comme tout est lié dans la nature , et comme un seul effet est pour l'ordinaire le résultat d'une foule de causes combinées avec celle qu'on soupçonne ; on s'expose toujours à avoir un effet sans proportion avec sa cause , comme on peut l'observer en particulier dans la plupart des phénomènes que les corps organisés nous présentent. Aussi pour éviter ces erreurs , on ne doit jamais prononcer sur les causes, qu'après avoir approfondi soigneusement l'effet qu'on veut expliquer , et découvert ces lois dans leurs différens degrés ; alors en comparant celles-ci avec les causes imaginaires qu'on peut supposer , il sera presqu'impossible qu'elles se raccordent exactement ensemble.

Il faut pourtant le dire , c'est seulement l'art de généraliser les idées qui fait le grand observateur ; on ne mérite pas ce titre quand on a dessiné les sinuosités d'une montagne , compté les yeux d'une mouche, examiné le chevelu d'une racine. Il est surtout essentiel de voir les objets dans la nature, de découvrir l'espèce dans l'individu, de saisir ces rapports généraux , qui existent inutilement pour ces ames minutieuses accoutumées à voir l'Univers dans l'objet particulier qui les occupe. J'admire certainement la patience, l'adresse de Lyonnet, dans son anatomie inconcevable de la chenille du saule ; mais la science de la nature aurait fait peu de progrès, si tous les observateurs de la nature avaient été des Lyonnet. Lavoisier aussi scrupuleux dans ses expériences, saisit tout ce qu'elles ont d'important pour le progrès des sciences. Quand il eut démontré que la calcination des métaux était la combinaison du gaz oxygène de l'air avec le métal, il prévit que la respiration et la combustion étaient la combinaison de ce gaz oxygène avec le charbon du sang et du corps brûlé ; mais il démontre par des expériences ce qu'il avait si heureusement généralisé. Combien de physiciens se seraient bornés à contempler ce phénomène nouveau, et combien il aurait fallu de siècles pour embrasser le complément de cette belle découverte, si le génie de Lavoisier ne l'avait pas apperçu dans un moment ?

Je terminerai ce chapitre par ces belles réflexions de Laplace, dans *le système du monde*, *tome* II. Les lois générales sont empreintes dans tous les cas particuliers, mais elles y sont compliquées de tant de circonstances étrangères, que la plus grande attention est souvent nécessaire pour les faire ressortir. Il faut choisir ou faire naître les phénomènes les plus propres à cet objet, les multiplier pour en varier les circonstances, et observer ce qu'ils ont de commun entr'eux. Ainsi, l'on s'élève successivement à des rapports de plus en plus étendus, et l'on parvient aux lois générales, que l'on vérifie, soit par des preuves ou des expériences directes, lorsque cela est possible, soit en examinant si elles satisfont à tous les phénomènes connus.

CHAPITRE IX.

Des hypothèses.

Une hypothèse est une supposition pour expliquer un phénomène dont on ignore la cause ; c'est ainsi qu'on imagine souvent une ou plusieurs causes pour rendre raison d'un fait bien apperçu. Ceux qui ont voulu donner une théorie de la terre sont partis d'une supposition qu'il regardaient comme un fait ; ils posent, par exemple, pour principe que la terre a été originairement, ou fluide, ou couverte d'eau, ou séche ; on poursuit l'hypothèse, en imaginant des gaz pour dissoudre les matières élémentaires de l'Univers, en faisant crouler des parties de la croute terrestre, afin d'engouffrer une partie des eaux qui la couvraient, etc. On emploie souvent une hypothèse dans l'application des causes, comme lorsqu'on attribue à l'irritabilité plusieurs phénomènes de l'économie végétale. En un mot, l'hypothèse est un moyen de découvrir la vérité, et quelquefois une route pour y conduire.

Les sens de l'observateur sont souvent trop bornés pour tout voir, et la nature trop voilée pour être bien vue ; aussi l'on est forcé de recourir à des hypothèses, ou à des suppositions imaginaires, pour expliquer les observations qui ne s'expliquent pas elles-mêmes ; mais cette explication est plus ou moins probable, elle n'offre rien de vraiment solide et démontré. On ne doit donc recourir aux hypothèses, que lorsque les autres moyens ont été trouvés complètement inutiles ; cependant, comme elles obligent à rapprocher des faits, elles peuvent faire appercevoir leurs liens ; mais aussi, comme elles forcent à les considérer sous un point de vue particulier, elles peuvent détourner les regards du point de vue unique qui pourrait faire connaître ce qu'on cherche.

Les vraies causes des effets sont souvent si cachées, les effets sont quelquefois si isolés, qu'on est forcé de se contenter de probabilités pour en avoir une idée. Les probabilités, fournies par une étude approfondie des faits, méritent pourtant l'attention, quand elles sont fortes et nombreuses. Cette méthode laisse, il est vrai, de l'incertitude dans les recherches ; mais il faut avouer qu'elle est souvent la seule qui puisse répandre quelque jour sur les sujets obscurs. L'astronomie serait bien pauvre, si l'on ne l'avait étudiée qu'après la découverte du vrai système du monde ; il est vraisemblable qu'on ne l'aurait pas trouvé sans les hypothèses nombreuses, imaginées pour expliquer les phénomènes ; il ne fut même qu'une hypothèse pour Hipparque et Copernic ; les découvertes de la rotation de Jupiter sur son axe, et celle de l'abération de la lumière ont démontré sa vérité. Le crépuscule qui précède le lever du soleil, est l'image des erreurs et des tâtonnemens qui font gagner quelque chose à la vérité, jusqu'à ce, qu'en les corrigeant les unes par les autres, la lumière s'augmente, et que l'on parvienne à la voir dans tout son éclat.

Dans les ouvrages d'invention, il serait

difficile de procéder sans hypothèse ; les suppositions dévancent les preuves, mais elles ne peuvent devenir des propositions probables, ou vraies, que lorsqu'on a constaté leur vraisemblance, ou leur probabilité par des observations : Aussi l'on ne doit pas se permettre des hypothèses, quand on peut se procurer la vérité par l'expérience ou l'observation. Qu'aurait-on pensé de Franklin, s'il avait disserté longuement sur la bouteille de Leyde, et s'il avait négligé les expériences qui établissent la différente quantité d'électricité de ces deux surfaces ? Croit-on qu'il eût mieux découvert la vérité par des dissertations ? L'expérience qui lui dénonça ce phénomène lui présenta son explication, en lui montrant la cause du choc qu'on éprouve par le rétablissement de l'équilibre rompu du fluide électrique, sur les deux surfaces de la bouteille.

Les hypothèses vraisemblables, rendent sensibles les vérités soupçonnées, en les présentant sous une forme qui en fait remarquer la probabilité. Quand un philosophe imagina le système du monde ; quand il eut entrevu la rotation de la terre sur elle-même pendant un jour, et son mouvement progressif autour du soleil pendant une année; il n'y avait encore rien qui pût entraîner l'opinion de ceux qui croyaient que la terre devait conserver l'immobilité apparente qu'on lui attribuait; c'est seulement lorsqu'on eut reconnu la vraisemblance de cette opinion, qu'on pensa de l'élever au rang des vérités démontrées, par une suite d'analogies et d'observations, qui ont forcé l'imagination à reconnaître l'empire de la raison par le moyen des sens.

Les hypothèses font souvent trouver dans la nature des faits, qu'on n'y aurait peut-être pas cherché, si l'imagination n'y avait pas découvert des combinaisons que l'observation a vérifiées. Ce sont les hypothèses multipliées de Kepler, et les différentes modifications qu'il leur fit subir pour trouver le mouvement des planètes, qui lui firent enfin tracer leurs orbites elliptiques, et remarquer les premiers élémens du calcul pour déterminer leurs distances au foyer de l'ellipse, leur vitesse dans tous les points de cette courbe, et même leur masse.

Les bons esprits doivent néanmoins sentir davantage leurs bornes, quand ils voyent que les lois de leur imagination sont si souvent rejetées par la nature ; mais ils doivent aussi faire des efforts pour perfectionner leur travail, et ramener, s'il est possible, leurs rêves à la vérité. On ne peut se représenter tout ce que les Cartésiens on fait pour soutenir le système croulant de Descartes ; il semble que leur constance à le défendre, égalait l'impossibilité de leurs entreprises. Ne peut-on pas s'étonner que dans ce siècle Lavoisier et son école aient eu des succès plus prompts et plus complets que ceux de Newton au commencement de ce siècle : Cependant le philosophe anglais défendait sa cause avec les argumens de l'observation, de l'expérience et du calcul, comme Lavoisier, et certainement les preuves de celui-ci, n'étaient pas aussi démonstratives en faveur de son opinion, que celles de Newton en faveur de la sienne. Le premier ne laissa aucun nuage à dissiper, et le second n'a pu résoudre quelques brouillards qui flottent encore autour des vérités fondamentales qu'il a découvertes. Il faut en faire honneur à l'esprit philosophique, qui a fait plus de progrès, à l'amour de la vérité, qui est plus pur, et aux lumières qui sont plus répandues, et qui triomphent davantage de l'inertie des cerveaux, et des préjugés de l'autorité et de l'habitude.

Quand on étudie un sujet neuf, il faut souvent s'aider de quelque hypothèse, pour imaginer les expériences et les observations propres à le dévoiler. Deluc observait sur la montagne le baromètre qu'il avait observé dans la plaine ; sa variation se fit en sens opposé, et la différence ne pouvait pas être douteuse. Comme l'air n'était pas parfaitement serein, il pensa que cette circonstance fournirait l'explication de la différence : la cause de l'abaissement du mercure n'est peut-être pas généralement répandue quand le baromètre commence à descendre, et elle influe peut-être alors davantage sur une colonne de l'atmosphère que sur d'autres. Pour vérifier cette supposition, Deluc résolut d'observer durant tout un jour le baromètre sur la montagne, quand il serait fixe, et pendant un temps qu'il serait incliné à descendre ou à monter, tandis qu'on ferait dans la plaine des observations correspondantes ; alors les observations collatérales du thermomètre lui apprirent bientôt l'influence de la chaleur pour produire cet effet.

La théorie et l'expérience doivent être toujours étroitement unies ; l'expérience présente une question résolue par un fait qu'on a cherché, et cette question n'est qu'une hypothèse imaginée pour expliquer le phénomène qui l'a fait naître. Les philosophes, qui font des expériences, ne craignent pas de combiner les idées les plus éloignées ; mais l'œil du génie a vu quelquefois le lien qui les rapprochait. Newton soupçonne que le diamant est un combustible ; les expériences ont confirmé ce soupçon, mais il était fondé sur la réfraction du diamant qui est plus grande que celle qui était annoncée par sa densité, ce qui montre que les associations d'idées qui peuvent d'abord paraître singulières, se trouvent néanmoins quelquefois très-heureuses.

On ne risque pas beaucoup d'aventurer ses idées dans un sujet inconnu ; elles peuvent donner le jour à quelques découvertes importantes par les observations qu'on peut faire pour établir leur solidité, ou pour les détruire. Si l'on ne peut pas espérer la vue perçante de Newton, il faut se persuader qu'on ne perd jamais son temps à consulter la nature ; que la nature ne reprochera jamais à l'observateur ses questions indiscrètes, et ne les laissera jamais sans une réponse. Si Trembley n'avait pas imaginé, que ses polypes pouvaient être des plantes, il n'aurait pas pensé qu'en les coupant en mille morceaux, il aurait eu mille polypes : toutes les parties curieuses de l'histoire de ces animaux seraient encore à découvrir. Quoique l'électricité eut d'abord produit mille hypothèses absurdes, elle fleurissait au milieu des erreurs ; parce que les observateurs tourmentaient ce phénomène par une foule d'observations.

Les hypothèses, comme leur nom l'indique, sont des suppositions qui restent des suppositions, jusqu'à ce que l'observation ou l'expérience les ait vérifiées ; elle sont donc des moyens pour arriver à la vérité ; aussi loin de les proscrire avec ces Newtoniens rigides, qui voient plus qu'une hypothèse sublime confirmée par le calcul, et une foule d'observations, dans les découvertes de leur chef immortel ; je les conseille, aux esprits sages, qui les emploiront avec succès, quand ils n'auront plus d'autres ressources, et qui suivront ainsi les traces heureuses du plus grand et du plus profond des philosophes.

Mais on ne peut pas toujours se livrer également au plaisir de faire des hypothèses. Il serait impossible d'en faire, qui eussent quelque solidité, si l'on ne partait pas de quelque principe fondé sur l'observation ; et si le phénomène, qui en est l'objet, n'était pas connu jusqu'à un certain point ; il faut avoir quelques idées sur ses rapports avec quelques êtres, pour en former de nouveaux, et s'assurer au moins ainsi de leur vraisemblance. C'est en vain que l'on cherche à pénétrer la nature du mouvement, ou à expliquer l'influence de l'ame sur le corps ; on ne peut avoir des idées que sur les effets qu'on peut considérer, et l'on ne peut lier à d'autres êtres ceux dont on n'aurait pas apperçu la liaison avec quelques-uns. On explique les apparences du mouvement des astres, par les idées qu'on a de leurs mouvemens relatifs et de leurs directions, mais s'il fallait déterminer leur mouvement absolu, les hypothèses seraient absurdes, parce que l'observation ne pourrait plus ni les produire, ni les vérifier ; il n'y a que le fait à étudier et à suivre.

La philosophie de Descartes avait enfanté un abus, que la proscription de sa philosophie n'a point proscrit avec elle. Elle prétendait expliquer tous les phénomènes ; elle les expliquait tous véritablement, parce que lorsqu'on ne cherche que dans son imagination les sources de ses explications ; il est facile d'en trouver, et si l'on n'explique pas bien les faits, on leur crée au moins une explication quelconque ; mais quand il faut faire reconnaître ses explications par la nature, et les mettre d'accord avec les faits connus, tout devient difficile, et l'on apprend bientôt, que l'histoire des idées, n'est pas celle des phénomènes. On ne pardonnerait pas à un lecteur de réciter ses chétives pensées, au lieu de lire Montesquieu ou Newton. Pitcarn proscrivait les hypothèses de la médecine ; son amour pour les hommes lui suggéra sans doute cette excellente leçon aux médecins de son temps et de tous les siècles. Il faut savoir dire *je ne sais pas* dans les matières obscures ; quand ce mot est le résultat des efforts inutiles, il instruit mieux que toutes les hypothèses imaginées.

On a plus aisément des idées sur les faits qu'on étudie dans son cerveau, que sur ceux que l'on cherche à pénétrer par l'observation et l'expérience ; aussi il y a bien plus d'hypothèses absurdes que d'explications raisonnables ; mais comme on n'exige pas des physiciens qu'ils fassent des systèmes, et comme on n'est utile à la science que par la découverte de la vérité, il est inconcevable qu'on se donne tant de peine pour

pour trouver des idées inutiles. Il ne faut pourtant pas condamner à l'oubli une idée vraisemblable; mais laisser au temps et à l'observation le soin de la vérifier, de la corriger, ou de la détruire.

Il me paraît pourtant que les hypothèses nuisent plus à l'avancement des sciences qu'elles ne favorisent leurs progrès. Quand on imagine une hypothèse sur un fait, et quand on est parvenu à la croire probable, on se persuade aisément qu'il est inutile de chercher mieux; on ne soupçonne pas même que la nature puisse la contredire, et si l'on trouve des faits nouveaux qui menacent son existence, on les oblige à force d'esprit et d'adresse à confirmer l'explication qu'on a trouvée. Il y a bien peu d'hypothèses, qui ne détrompassent bientôt leurs auteurs; s'ils étaient sincères avec eux-mêmes, et s'ils voulaient voir la nature telle qu'elle est. Je n'ai jamais compris comment Buffon avait pu soutenir les molécules organiques; quoique je comprenne fort bien comment il avait pu les imaginer, et s'amuser à les faire manœuvrer. On suit avec intérêt un roman ingénieux , mais quand ce système fut attaqué par les sages critiques de Bonnet et de Spallanzani ; quand l'auteur put réfléchir sur son ensemble et ses conséquences vraiment absurdes ; je ne puis croire à sa sincérité , lorsqu'il continue de l'adopter , car il n'a pas pris la peine de le défendre.

Plusieurs hypothèses ont pu paraître bonnes , quand la science était au berceau : mais il a fallu les renouveler après les découvertes qui se sont multipliées ; cependant les inventeurs de ces hypothèses les croyaient aussi bonnes que ceux qui les ont rajeunies. Quoique nous ayons un plus grand nombre de faits que nos prédécesseurs , nous sommes encore bien éloignés de tout connaître.

En considérant les progrès des sciences , on se persuade aisément l'influence que les hypothèses ont eue. Quelque temps après Descartes , on vit par-tout des tourbillons , toutes les explications des phénomènes étaient fondées sur leurs opérations , et toutes celles qu'on ne pouvait pas y ramener , n'étaient pas seulement crues pos-

sibles: on sentira mieux ceci par l'anec-
dote suivante. Les astronomes, divisés sur
la réalité d'un changement dans l'obliquité de
l'écliptique, s'en rapportèrent à l'observation pour décider cette question délicate. Ils
crûrent suffisant de s'assurer avec toute la
précision possible des hauteurs méridiennes
du soleil au solstice d'été, qu'ils préférèrent
au solstice d'hiver, parce que le temps est
plus convenable; parce que l'atmosphère
étant plus claire est moins sujette aux réfractions; enfin, parce que les points solsti-
ciaux étant opposés, l'augmentation de la
hauteur solsticiale en été, d'une année à
l'autre, devient précisément la mesure de
la diminution de cette hauteur en hiver.
Cassini de Thury examina, si tout cela
était vrai; il trouva des méthodes pour ob-
vier à tous les obstacles produits par la réfraction; il répéta ses observations avec les
meilleurs instrumens, et tout le scrupule
possible; mais il résulta de cet examen,
que la hauteur du tropique du capricorne,
qui aurait dû diminuer, en même temps
que celle du tropique du cancer paraissait
augmenter, demeurait toujours la même, si

elle ne paraissait pas devenir plus grande ;
alors Cassini de Thury aussi bon philosophe
que grand astronome, ne hasarda rien pour
expliquer ce phénomène ; il offrit seulement
des doutes fondés, et il ouvrit peut-être
une bonne route pour découvrir la vérité.

Il y a plusieurs causes des mauvaises hypothèses ; je ne parlerai pas du désir qu'on
a de tout expliquer, parce qu'on veut tout
savoir ; de la paresse qui préfère la facilité
d'imaginer une explication, à la peine de la
chercher en observant la nature ; de la confiance qu'on donne aux efforts de l'esprit
plutôt qu'à ceux des sens ; de la précipi-
tation à prendre une lueur pour une lumière
vive. Ces causes sont trop générales et trop
connues pour être encore dangereuses. Il y
en a quelques autres, qu'il me semble plus
important de signaler.

Les faits considérés solitairement, sont
presque toujours équivoques, parce qu'on
ne connaît bien leur nature que par leurs
rapports ; aussi les conséquences qu'on en
peut tirer, lorsqu'ils sont isolés, seront

toujours hasardées, et les hypothèses, qu'ils peuvent produire, seront sans appui. Si l'on a formé tant de systêmes sur la digestion, c'est parce qu'on n'avait pas observé les alimens dans l'estomac, et qu'on avait voulu voir l'estomac agissant sur eux, comme le gésier des oiseaux gallinacés ; aussi chacun a vu l'estomac suivant ses idées, et l'a fait agir à sa manière.

L'obscurité des faits produit des conclusions probables, fondées sur des apparences ; aussi l'on voit souvent tirer des mêmes faits, des conclusions contradictoires. On peut s'en convaincre, en se rappelant les systèmes imaginaires, pour expliquer les phénomènes célestes.

En remplissant les lacunes qu'il y a dans les faits, par le moyen de l'imagination, on fait des théories ou des principes généraux, qui sont déduits des objets plus ou moins connus ; mais on ne connaît pas mieux les faits que les principes, et l'on n'apperçoit que quelques parties des uns et des autres. Ces principes pourraient, à la vérité, garantir

des fausses apparences ; mais s'ils sont mal
fondés , ou légèrement appuyés, ils jetteront
dans une erreur, d'autant plus certaine,
qu'on aura cru procéder avec plus de logique.
Les Cartésiens , en voyant tout au travers
de la matière subtile et des tourbillons ,
voyaient toute autre chose que ce qui frap-
pait réellement leurs regards.

CHAPITRE X.

Règles pour faire des hypothèses.

UNE hypothèse perdrait ce nom, si elle remplissait parfaitement le but de son inventeur, puisqu'elle serait l'interprétation fidèle de la nature ; mais il est bien difficile d'en faire une qui remplisse complètement ce but. Quoique l'auteur de l'hypothèse ait devant lui la foule des possibles, il peut rarement connaître avec exactitude tous les effets et tous les rapports qui composent le phénomène dont il cherche l'explication. C'est cependant dans ce chaos de combinaisons qu'il faut choisir la seule qui se réalise. Ce ne sera donc qu'après de longs tatonnemens, après avoir épuisé toutes les suppositions possibles, pour trouver la plus probable et la plus propre à rendre raison des effets connus d'un phénomène, qu'on parviendra à l'expliquer d'une manière raisonnable. L'arithmétique résout ainsi ses problêmes, mais sa méthode ne peut pas toujours convenir à toutes les sciences, parce que les cas qu'elles présentent ne permettent pas d'épuiser également toutes les suppositions possibles, et parce que leurs objets ne sauraient offrir des idées aussi claires, aussi exactes, et aussi déterminées, que les nombres, et leurs combinaisons.

Ce n'est pourtant que par des moyens analogues qu'on peut découvrir la vérité; l'imagination offre à la raison ses ressources; celle-ci les choisit après les avoir essayé avec l'objet qu'elle veut pénétrer. Guettard étudiait l'ostéocolle d'Etampes, pour en découvrir la cause; il examina ses formes extérieures; il crut d'abord que les tuyaux qu'on y remarque, avaient été percés par des filets d'eau; mais cela n'expliquait pas la forme prismatique de quelques-uns, ni les stries observées dans leur intérieur, ou les inégalités de leur surface extérieure; de sorte qu'il abandonna cette idée: il crut ensuite que des os avaient formé les noyaux de ces tuyaux moulés par les dépôts qu'une rivière avait amenés et placés sur ces moules ; cette idée est-elle probable ? L'expérience devait l'apprendre, la forme variée des tiges de diverses plantes expliquait la diversité et la forme du calibre des tuyaux ; les différentes couches, observées dans les tuyaux, étaient les vestiges de différens dépôts ; le poli de l'intérieur des tuyaux était produit par celui de l'extérieur des tiges, et les stries étaient les empreintes des fibres longitudinales. Toutes ces observations approchaient de la solution du problême ; il fallait néanmoins trouver encore la source de ces dépôts. Guettard vit bientôt que la rivière de Louette est surmontée de montagnes, dont le sommet est couvert d'un lit de marne, tandis que le sol de la vallée est un sable fin, que les eaux entraînent. Enfin, l'on observe des dispositions de terrein semblables dans tous les lieux, où l'on voit l'ostéocolle.

. Cette manière d'étudier les phénomènes, de les comparer avec l'explication, montre d'abord sa solidité. Guettard examine donc cette opinion comme il a examiné les autres. Il remarque d'abord que ces arbres n'auraient pu être enterrés que par les tremblemens de terre, ou les feux souterreins, ou les dépôts des eaux qui auraient recouverts ces végétaux, après leur chûte. Dans le premier cas, il ne saurait y avoir aucun ordre dans les lits des carrières; dans le second, les lits seraient horizontaux, et les bancs semés de coquilles; mais dans une mine de tripoli, trouvée à Minal, le tripoli est disposé par couches de 4,87 décimètres ou 18 pouces, inclinées de 45.e à l'horizon, et dont l'épaisseur totale peut être de 3,572 mètres, ou 11 pieds; on a trouvé des marcasites qui annonçaient quelque chose de ferrugineux, et une espèce de crystalisation en forme d'étoiles; cependant on n'y a jamais découvert ni troncs, ni branches. Guettard observe ensuite, que ces arbres auraient pu se détruire, et que le vide aurait pu se remplir de tripoli; il y a au moins des morceaux de tripoli, propres à séduire en faveur de cette opinion: les pyrites renfermées, laissent des empreintes qui ont l'apparence de fibres ligneuses détournées par un nœud; mais on ne peut y trouver

les fibres transversales. et longitudinales , ce
qui empêche de suivre dans cette matière
le produit des végétaux.

Une hypothèse qui , par l'exclusion de
toute autre , se trouverait la seule propre à
expliquer un certain fait , serait une théorie
solide, qui ne pourrait plus rester, dans le
rang des suppositions ; si du moins elle
rendait raison de tous les faits ; parce qu'il
n'est pas vraisemblable qu'une autre théorie
put fournir les mêmes explications ; la raison
suffisante des causes , se manifeste par leurs
effets ; mais un effet étant toujours ce
qu'il est , il ne saurait avoir des causes
différentes.

Si la cause soupçonnée d'un phénomène
peut produire tous les effets connus , d'une
manière qui les lie avec l'effet principal ,
elle aura toute la certitude qu'on peut exiger ;
cependant si elle expliquait un grand nombre
de phénomènes , et s'il y en avait un seul
qu'elle ne put pas expliquer , je ne conclurai
pas que l'explication est mauvaise , mais

plutôt que ce phénomène ne se lie pas avec les autres, ou qu'on en ignore le lien.

Il n'est cependant pas nécessaire d'essayer toutes les suppositions possibles pour trouver la plus vraisemblable. Il est aisé d'en resserrer d'abord beaucoup le nombre. La méthode des exclusions, inventée par Frénicle, qui a eu des succès pour la solution des problêmes algébriques, pourrait s'employer utilement pour la solution des problêmes physiques. Je suis persuadé que si le nombre des vérités est si petit, tandis que celui des erreurs est si grand ; cela vient du défaut de méthode dans les recherches qu'on peut faire. Souvent on s'écarte du vrai, sans s'en douter, et on le fuit en croyant le poursuivre.

Je suppose d'abord qu'on a quelque idée du phénomène qu'on veut expliquer ; on ne saurait au moins l'avoir observé pendant quelque temps, sans l'avoir distingué de tout autre, et sans avoir apperçu quelques rapports propres à l'éclairer. On remarque bientôt alors ce qui paraît jouer le plus grand rôle dans l'effet, et l'on est naturellement porté à regarder les faits qui paraissent avoir les plus grands rapports avec toutes les parties du phénomène, comme ceux qui peuvent être les plus propres à dévoiler les autres. Je me représente Halley méditant sur l'origine des fontaines, et suivant la méthode que je décris. Il rassemble, dans ce but, tous les traits de l'histoire naturelle, relatifs à cet objet ; il a observé les eaux à leur source dans les montagnes, il les voit serpenter sur la terre, arroser les campagnes voisines. Il voit l'eau s'évaporer dans toute sa pureté ; il sait que la pluie est une eau douce qui tombe du ciel ; il connaît la salure tenace de la mer ; il remarque que toutes les eaux douces se roulent dans ce vaste réservoir ; il s'est assuré que la mer ne s'est pas augmentée : étonné de toutes ces observations, et de plusieurs autres du même genre, il cherche la source universelle des eaux douces, qui coulent sur la terre.

Avec ces observations, Halley se forme une idée de l'énoncé du problême qu'il veut résoudre ; mais en supposant qu'il n'eut pas toutes ces observations, il aurait pu, par le moyen de quelques-uns de ces faits, trouver une loi qui convint à ceux qui avaient été observés. Ainsi, connaissant la salure de la mer, et sachant, par expérience, que ses eaux deviennent douces par l'évaporation, il a pu conclure que les eaux de la mer peuvent être douces, quand elles sont évaporées, et que ces eaux peuvent former la pluie qui arrose nos campagnes, comme les eaux que les rivières y font circuler; parce qu'il serait inconcevable autrement, que la mer qui reçoit tous les jours une grande quantité d'eau douce, ne changea pas son niveau, et ne perdit pas graduellement sa salure d'une manière sensible.

II. Si l'on ne connaissait le phénomène que très-obscurément, alors il faudrait réunir les plus petites lueurs qu'il laisse échapper, pour l'éclairer avec toute la lumière qu'on peut avoir. C'est dans ce but que Halley examine les canaux souterrains qui pourraient filtrer l'eau de la mer jusqu'aux pieds des montagnes; il passe de même en revue les alambics que Descartes y avait placé ; il pèse avec soin les vingt-deux hypothèses imaginées pour expliquer l'origine des fontaines ; il y ajoute la sienne, ou la supposition que la pluie était formée par une eau évaporée de la mer, et qui s'était adoucie par cette opération.

III. Cependant, comme dans les recherches compliquées, on ne saurait oublier quelques-uns des moyens possibles, propres à les diriger, sans courir le risque d'oublier le seul bon, il faut se proposer un ordre dans leur examen ; la formation de cet ordre mérite beaucoup d'attention. Il me semble d'abord que dans un système combiné, il faut remarquer les parties qui se combinent avec toutes les autres ; parce qu'elles peuvent devenir la clef de la combinaison. Il n'y a pour l'ordinaire jamais qu'un petit nombre de faits autour desquels les autres viennent rayonner. Si l'on réussit à les saisir, ils conduiront sûrement à la découverte du phénomène. Ainsi, par exemple, pour former l'hypothèse présente, on peut réduire toutes les hypothèses imaginées pour la formation des rivières à deux cas généraux qui renfermeront tous les autres. Les fontaines et les fleuves sont-ils produits directement par les eaux de la mer, ou par les pluies? Il faut se borner à l'examen de ces deux idées principales, avec la résolution d'en chercher d'autres, si elles ne remplissent pas les vues proposées. L'explication du phénomène paraît pourtant résulter d'une de ces deux causes; puisqu'il paraît nécessaire que la mer fournisse les eaux circulans sur le globe, et qu'on ne peut se tromper que sur la manière dont elle produit cet effet.

IV. On ne peut pas toujours dans le même moment employer toutes les causes que l'observation fait soupçonner : parce qu'on doit les examiner séparément ; d'autant plus qu'il y en a quelques-unes, qu'on ne saurait d'abord supposer agissant ensemble, et si on les avait vues seulement séparées, on n'aurait pas imaginé qu'elles fussent nécessaires pour l'explication des phénomènes.

V. Il faudrait cependant présenter des raisons

sons

sons solides de la préférence qu'on donne à une idée sur les autres. C'est ainsi qu'on démontrerait l'absurdité de l'hypothèse rejetée, par l'impossibilité de faire remonter les eaux au-dessus de leur niveau ; par la difficulté de séparer l'eau de la mer, non-seulement de son sel, mais encore de son bitume ; par l'obstruction que le sel et le bitume formeraient dans ces canaux, en s'y déposant : on opérerait de cette manière sur toutes les autres hypothèses, jusqu'à ce qu'on pût en avoir une qui résista à cet examen.

VI. Il conviendrait sur-tout de s'assurer, par l'observation, que l'idée adoptée est la plus vraisemblable. Halley remarque aussi que les rivières roulent dans les mers depuis le commencement du monde sans les augmenter ; on voit de même que celles-ci ne diminuent point, ce qui suppose qu'elles doivent perdre tous les jours autant d'eau qu'elles en reçoivent. L'observation apprend que l'eau de la mer s'évapore sans cesse ; qu'elle est douce après l'évaporation ; que cette évaporation est toujours proportionnelle aux surfaces, et que le calcul de la quantité d'eau évaporée sur la surface de la mer, comparé avec celui de l'eau qui entre dans ces grands réservoirs par les rivières qui s'y versent, démontre qu'il s'évapore toujours assez d'eau douce pour entretenir celle qui doit former les neiges et les pluies, d'où les rivières et les sources tirent leur origine, et même pour produire celle qui est indispensablement utile pour arroser les les terres, abreuver les animaux, et favoriser la végétation.

VII. Pour établir une opinion, il faut chercher encore, si les changemens dans la cause soupçonnée occasionnent des changemens correspondans dans les effets; ces rapports confirmeraient la solidité de l'hypothèse. En été, quand les pluies diminuent, on voit les petites rivières et les sources perdre leurs eaux. Le Nil déborde quand les pluies inondent les montagnes de l'Éthiopie, et il reprend son cours naturel quand les pluies cessent.

VIII. Un observateur scrupuleux multiplie les preuves pour s'assurer de la probabilité des hypothèses qu'il forme. Si le phénomène qu'on explique a plusieurs parties qui peuvent se considérer séparément; il conviendrait d'examiner chacune d'elles en particulier, et de comparer ensuite leurs résultats entr'eux, et avec l'ensemble ; afin de savoir s'ils rayonnent vers le même centre ; s'ils concourent pour produire l'effet général ; s'ils lui sont indispensablement nécessaires. Halley voit les plus grandes rivières descendre des montagnes les plus hautes, où sont toujours leurs réservoirs permanens. Les eaux, par leur pesanteur, devraient gagner le centre de la terre, mais elles sont retenues à sa surface, parce qu'elles y coulent communément sur une couche d'argile, qu'elles ne peuvent traverser. Ces faits et mille autres semblables deviennent les conséquences de l'hypothèse choisie, et l'on aurait pu les trouver dans le principe, si on ne les avait pas trouvées par l'observation.

IX. Si l'hypothèse adoptée devient probable, elle doit expliquer sur-tout les propriétés essentielles du phénomène, et rendre raison de leurs effets. On voit les eaux rouler du pied des montagnes et des collines, dont la hauteur et les surfaces servent de barrières aux nuages, et prennent aux vapeurs le calorique qui entretient leur état vaporeux, pour en faire la neige ou la pluie. Les grands fleuves ne coulent que des montagnes les plus élevées, qui sont couvertes de neiges éternelles, où qui ont de vastes réservoirs pour recueillir les eaux qui y tombent, parce qu'elles peuvent ainsi braver la sécheresse de l'été, et l'ardeur du soleil; on les voit même sur les croupes des continens pour arroser ceux-ci dans toute leur étendue, au travers de laquelle ces rivières serpentent, en suivant les pentes qu'elles rencontrent.

X. Enfin, il faut examiner les exceptions mêmes qui se présentent souvent, parce qu'on y peut trouver de nouvelles preuves de l'opinion que l'on a formée. Si l'on est étonné de voir des fontaines couler pendant l'été, et tarir pendant l'hiver, c'est parce que la fonte des neiges, qui est plus considérable pendant la chaleur, peut fournir l'eau des sources qui cessent de couler

aussitôt que l'abondance des eaux est diminuée. Si les fleuves coulent pendant l'hiver;
c'est parce que la neige fond par sa surface
appliquée sur le rocher qui conserve la chaleur que la terre lui communique. S'il y a des
fontaines qui ne coulent que pendant quelques heures, et qui s'arrêtent pendant quelques autres, pour recommencer ensuite ; c'est
parce que le réservoir s'écoule plus vîte qu'il
ne se remplit, et qu'il ne recommence à
couler que lorsqu'il s'est rempli à une certaine hauteur.

Cette méthode donne aux idées qui sont
justes toute la probabilité qu'elles peuvent
avoir, et dissipe toutes celles qui sont sans
fondement solide ; les absurdités se manifestent
bientôt dans ce creuset ; cependant cette méthode ne peut garantir de l'erreur ; parce que
l'erreur est quelquefois vraisemblable, mais
elle écartera toujours les erreurs ridicules.

On comprend aisément qu'il faut être ri-
goureux dans les conséquences, qu'on tire
des faits, autrement les faits deviendraient
une source d'erreurs, sur-tout si l'on n'en

étudie pas avec soin toutes les circonstances. Les systèmes conçus légérement sont encore fondés sur un petit nombre de faits, si l'on en avait suivi avec soin plusieurs autres analogues aux premiers, on aurait pu perfectionner ou détruire les idées que ceux-ci avaient fait naître. Il n'est cependant pas impossible, que ces idées eussent gagné quelque chose, si l'on avait rejeté quelques-uns des faits qu'on a cru essentiels. On est toujours borné dans l'invention des hypothèses, quand on ne s'appuie pas sur les théories générales, qui tiennent à notre disposition l'ensemble des phénomènes observés.

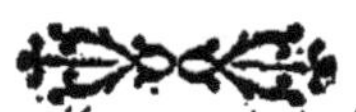

CHAPITRE XI.

Examen d'une hypothèse.

IL est si facile de séduire et d'être séduit par une hypothèse, faite avec esprit, et présentée avec éloquence, qu'il est important de se prémunir contre cette séduction ; c'est pour cela que je réunis ici quelques-uns des caractères propres à fonder leur probabilité, ou à diminuer la crainte qu'on peut avoir de se tromper en les adoptant.

Le premier caractère d'une hypothèse est sa simplicité. La difficulté des combinaisons croit avec le nombre des êtres à combiner; d'autant plus qu'il doit être naturellement considérable, quand il s'agit de l'Univers, ou même de ses parties. Il faut donc éviter l'introduction de nouveaux êtres dans la nature, qui la rendraient plus difficile à concevoir, parce qu'on multiplierait les objets

P 4

de ses combinaisons , ou de ses rapports,
et parce qu'on ne suivrait plus ses procédés,
qui font remarquer toujours la plus grande
économie dans ses moyens , avec la plus
grande énergie dans ses effets ; on voit aussi
les hypothèses se simplifier à mesure que
la science de la nature se perfectionne ; les
systèmes des anciens philosophes sont bien
plus compliqués que ceux des modernes.
Une hypothèse compliquée , peut pourtant
être bonne , si le fait expliqué demande
cette complication ; elle sera simple comme
la nature , quand elle expliquera le fait pour
lequel elle a été faite , par les moyens les
plus faciles et les plus prompts.

Les suppositions ne doivent pas être composées de vraisemblances, fondées sur d'autres
vraisemblances ; mais elles doivent être puisées dans la nature , trouvées à côté des faits ;
elles doivent annoncer clairement ce que la nature aurait pu faire , si ce n'est pas ce qu'on
lui voit exécuter. Descartes suppose les formes
des élémens , un certain mouvement , certains frottemens, une matière tourbillonnante ;
et malgré cet appareil , il ne peut faire

cheminer l'Univers. Newton, plus simple dans sa marche, suppose l'impulsion donnée à la matière soumise aux lois de la pesanteur, et tout est réglé dans le ciel et sur la terre.

On ne peut supposer que des causes probables, ou du moins possibles ; car si cela n'était pas, la supposition tomberait d'elle-même ; on ne saurait imaginer qu'une matière inorganisée, s'organise par les lois de la mécanique, et que ses organes divers se fabriquent l'un après l'autre, puisque toutes les parties d'un être organisé étant nécessaires à son existence, et à celle de chacun de ses organes, elles doivent avoir été produites simultanément. Imaginerait-on le cœur en mouvement, pendant quelque temps sans l'estomac, et tous les deux sans le cerveau et le poumon ?

Je n'ai jamais pu comprendre, comment ceux qui forment des hypothèses sont si faciles pour se contenter des causes qu'ils imaginent. Divers physiciens ont expliqué la forme extérieure de la terre par le déluge ;

il est vrai que tout y annonce une révolution considérable et assez brusque ; il est encore vrai que les eaux doivent avoir contribué à sa production ; mais il fallait faire l'eau nécessaire pour occasionner cette révolution, puisque l'eau de l'atmosphère n'aurait pu s'élever au-dessus de 10,301 mètres, ou 32 pieds. Les montagnes calcaires, formées par les dépôts lents et successifs, n'auraient pu parvenir à la hauteur qu'elles ont, dans l'espace d'une année ; la disposition des couches qui les composent, n'aurait pu être pendant cet intervalle de temps aussi régulier ; les corps marins qu'elles renferment, sur-tout ceux qui sont très-fragiles, comme quelques coquillages, n'auraient pu être conservés dans leur entier, au milieu de ces eaux orageuses ; de sorte qu'il aurait été plus logique de placer la grande époque du déplacement des mers à ce moment que la tradition générale représente comme celle d'un événement qui a fait disparaître les hommes et les animaux sur la surface du globe alors habité, pour y verser la mer, qui dans ce temps couvrait nos contrées.

Il n'est pas aisé de se décider sur la possibilité ou l'impossibilité d'une cause ; comme on connaît peu la nature , il est facile de se tromper sur ses opérations. On conclut ordinairement qu'une chose qui est invisible n'existe pas ; cependant cette conclusion serait souvent fausse ; ainsi , par exemple , on ne remarque point les lobes et la plantule dans diverses graines tirées de leurs ovaires avant la fécondation ; on aurait pourtant tort de nier leur existence, puisqu'une légère ébullition dans l'eau les fait observer.

Il ne suffit pas qu'une hypothèse soit possible , il faut qu'elle soit suffisante pour expliquer le phénomène , autrement elle deviendrait inutile. Dans la plupart des hypothèses imaginées pour expliquer les variations du baromêtre , il y a des causes réelles et très-vraisemblables de la variation du poids de l'atmosphère , comme l'augmentation des vapeurs par l'évaporation , et leur diminution lorsqu'elles tombent ; le changement de pesanteur spécifique de l'air, son accumulation , ou sa dispersion par les vents ; mais Deluc fait voir l'insuffisance de ces causes : on a voulu les suppléer par des causes imaginées, telles que la différente pression verticale de l'air, les variations de son élasticité, la contraction et la dilatation du mercure, les vibrations des molécules de l'air produites par les vents, le transport de l'air, l'inclinaison plus où moins grande des vents, le choc des vapeurs ascendantes, la cessation de ce choc lorsqu'elles sont en repos, l'allègement du poids de l'air quand la pluie en découle, l'agitation qu'il trouve lorsqu'il est plein de vapeurs. Enfin, l'accroissement de l'atmosphère par l'éruption de l'air enfermé dans les entrailles de la terre, et son décroissement dans le cas opposé ; mais Deluc fait voir encore que ces causes n'influent pas sensiblement sur les variations du baromètre.

La cause du phénomène est sans doute sous les sens, mais il serait possible qu'elle fut mal employée, ou mal apperçue. Le phénomène à expliquer, est la correspondance du mauvais temps avec l'abaissement du mercure, et celle du beau temps avec la variation opposée. Dans le mauvais temps, l'air est mêlé de vapeurs, il pleut ; dans le beau temps, l'air est serein et sec ; la présence ou l'absence des vapeurs est donc une circonstance essentielle à examiner ici, et c'est sans doute de la manière d'entendre cette circonstance, d'en saisir les rapports, d'en suivre les détails que résulte peut-être l'explication cherchée, mais il faut la combiner encore avec des cas moins fréquents, où l'on voit tomber la pluie, quoique le mercure soit très-haut dans le baromètre, et où l'on a un temps sec, quoique le mercure soit le plus bas possible ; mais alors, pour l'ordinaire, quoique ce ne soit pas toujours, la pluie ne commence à tomber que lorsque le mercure remonte.

Les hypothèses, pour être probables, doivent être fondées sur les lois connues de l'Univers, et s'accorder avec elles. Puisqu'il y a un ordre constant dans le monde, les moyens qui l'animent auront des rapports avec lui. Ainsi, tous les phénomènes dépendants d'une loi universelle, doivent se ressembler par les rapports de cette dépendance ; mais cette ressemblance dans les effets, se suppose aussi dans les causes. De sorte que si l'on trouve quelque analogie entre les lois qu'on veut établir, et celles qui sont découvertes, on peut juger que les lois conjecturées sont probables. Copernic dut préférer son hypothèse à celle de Tycho-Brahé, quoique toutes deux expliquent les phénomènes ; parce que dans la première, on les voit tous découler d'un seul principe, et que tout s'y passe avec uniformité ; dans l'autre, on n'observe aucune analogie semblable, le grand est subordonné au petit, et l'on remarque de grandes différences dans des effets qui sont très semblables.

La comparaison des phénomènes qu'on cherche à expliquer, avec ceux qu'on connaît, peut indiquer la cause des premiers, par l'analogie qu'ils peuvent avoir avec les autres. En observant le mouvement des comètes, leur précision à suivre les lois de la gravitation, on peut présumer qu'elles sont des planétes de notre système, puisqu'elles leur ressemblent à mille égards. Halley et Lambert, en multipliant ces analogies, ont fortifié la grande probabilité de cette opinion ; mais Clairaut et Dalembert l'ont changée en certitude par leur prédiction du retour de la comète de 1754, qui a été réalisée.

L'analogie pourrait cependant devenir trompeuse pour établir une hypothèse ; parce qu'il est aisé de trouver dans les êtres imaginés, des rapports avec ceux qui existent ; les idées que les êtres connus donneraient des inconnus, seraient à-peu-près dans le cas de celles que fournissent les solutions des problêmes indéterminés qui sont sans limites. La nature joint la plus grande uniformité avec la plus grande variété ; les idées qu'on acquérait de l'inconnu seraient moulées sur celles qu'on a du connu ; mais la distance qu'il y a du polype à l'animal connu qui est le plus près de lui dans la chaîne des êtres, est extrêmement grande ; il y a une foule de rapports particuliers qu'on n'aurait pas soupçonné.

La cause étant donnée, il serait pourtant plus facile de trouver des effets, qui si l'on

connaissait des effets, et qu'on voulut rè-
monter aux causes ; mais quelque habileté
qu'on ait à conjecturer, quand on devine-
rait même la vérité, comme Leibnitz, lorsqu'il annonça le découverte du polype, ou
comme Newton, lorsqu'il prédit la combustibilité du diamant : Les explications de
l'imagination seront néanmoins les figures
qu'on apperçoit dans les nuages, jusqu'à ce
que l'observation les ait vérifiées ; autrement
séduits par quelque vraisemblance et une
espèce de liaison dans les idées, on ne peut
voir dans la nature, que ce qu'on a vu dans
son cerveau, et l'on se persuade que ce
qu'on imagine est la vérité. On bâtit l'Univers, comme Descartes, avec des dés à
jouer, et l'on regarde son édifice aussi
solide qu'il est ingénieux.

Les expériences et les observations ne
suffiraient pâs pour établir une théorie, si
l'on ne montrait pas que les expériences
et les observations sont concluantes en sa
faveur ; leur examen peut seul apprendre
si elles rendent la théorie probable, en faisant
voir leurs rapports directs avec elle, et
leur

leur vérification par d'autres observations faites dans ce but, peut dissiper ainsi tous les doutes. Quand Newton eut trouvé les lois de la réfraction de la lumière, et déterminé la nature des rayons colorés, il chercha si les rayons incidens, sur le même milieu, ont une réfraction inégale; s'il y a une loi de la réfraction particulière à tous les rayons; si les rayons séparés ont toujours la même couleur suivant leur degré particulier de réfraction; si la couleur de chaque rayon séparé peut être changée par une nouvelle réfraction; si leur mélange les altère; si la combinaison de tous les rayons rend la lumière originaire; si les couleurs de chaque mélange sont changées, ou seulement séparées, quand on les divise par le prisme, ou lorsqu'on les réunit avec un verre convexe. Si la réfraction produit d'autres couleurs que celles qui résultent des couleurs observées dans les rayons réfrangibles séparés, ou mêlés par la réfraction. Quand on procède de cette manière, les hypothèses se changent en vérités qui ne sont plus soupçonnées, mais qu'on peut démontrer rigoureusement.

Tome II. Q

La probabilité d'une hypothèse est pro-portionnelle au nombre des cas qu'elle peut expliquer. Comme la vraie cause doit expliquer tous les cas, l'hypothèse qui en expliquera le plus grand nombre sera la plus probable, parce qu'elle approchera le plus de celle qui les explique tous. Si l'on compare le système de Descartes avec celui de Newton, on est étonné du nombre des phénomènes expliqués parfaitement par le second, et des efforts inutiles faits par le premier pour dévoiler des faits dont il voulait rendre raison.

La probabilité d'une hypothèse est encore dépendante de l'exactitude que l'hypothèse met dans l'explication des phénomènes. La vraie cause suffit pour produire tout son effet ; par conséquent plus l'hypothèse approchera de l'énergie de la vraie cause, pour produire le phénomène dont elle veut donner l'explication, plus elle approchera de la vraie cause. Newton aurait pu déterminer par sa théorie les plus légers dérangemens que les planètes s'occasionnent ré-

ciproquement ; comme les géomètres modernes ont réussi à le faire voir.

Une hypothèse peut être probable à quelques égards sans l'être de même à d'autres,
quoique ses principes ne manquent pas de
solidité ; mais cela peut venir de ce qu'on
manque d'exactitude dans son application ;
il faut alors la réduire à la mesure de la
nature, en corrigeant ce qu'elle peut avoir
d'inexact.

On ne le croira pas ; il est quelquefois
possible d'expliquer le même fait de deux
manières différentes, et les explications pourraient embarrasser ceux qui voudraient choisir
entr'elles. La chimie a offert ce cas à
plusieurs chimistes qui ont hésité long-temps
entre le phlogistique qu'ils faisaient la base
de leur théorie et la décomposition de
l'eau, où la combinaison et le dégagement
des gaz qui constituent celle des pneumatistes.
On trouve d'abord que ces deux théories
ont certains rapports, qu'elles expliquent la
plupart des phénomènes ; que partout, où

la nouvelle doctrine amène l'oxygène, l'ancienne ôte son phlogistique, et réciproquement ; que celle-ci a profité des découvertes de sa rivale pour devenir plus raisonnable ; que ces deux théories offrent au premier coup d'œil des êtres qu'on ne peut rendre sensibles. Le phlogistique au moins est toujours un être idéal, soupçonné sans fonfondement, et que l'on fait agir à sa volonté. Il est vrai que l'oxygène, l'hydrogène, l'azote, le carbone dépouillés de leur calorique, sont des êtres qu'on ne peut à rigueur mettre sous les sens, mais on ne peut se dissimuler que l'expérience les fait presque appercevoir ; on découvre la composition de l'eau par des expériences sans réplique, et j'ai presque démontré sa décomposition dans la végétation : on prouve la combinaison de l'hydrogène naissant avec l'azote pour former l'ammoniaque, et l'on a mis sous les sens le carbone de l'acide carbonique ; ce qui fournit de grandes probabilités, qu'on ne saurait trouver dans la théorie du phlogistique. Il faut pourtant avouer qu'il y a des faits également inexplicables par les deux voies, mais les explications de la théorie

pneumatique sont si élégantes , si faciles ,
si conformes aux principes des affinités ,
et si rigoureuses ; elles rendent l'étude de
la chimie si agréable et si commode ,
qu'il faut céder à la lumière qu'elle répand
et qu'elle promet; enfin, il faut le dire, elle
explique différens faits qui sont restés réfrac-
taires au phlogistique.

Enfin , quelque soit l'hypothèse qu'on
adopte, il faut toujours se souvenir que
c'est une hypothèse, qu'elle peut être fausse
malgré sa vraisemblance, et qu'on doit seulement l'admettre comme la meilleure, jusqu'à ce qu'on parvienne à en trouver une
qui puisse être plus probable, si l'on n'est
pas assez heureux pour découvrir la vérité.
Les premiers chimistes accoutumés à généraliser leurs idées parce qu'ils ne connaissaient
pas la nature , trouvaient commode de n'a-
voir qu'un principe terreux pour fabriquer
les différentes espèces de terre ; aujourd'hui
que la science a fait plus de progrès, on s'occupe à reconnaître les caractères de chaque
terre qu'on rencontre , et l'on ne soulage plus

sa paresse en formant des hypothèses sur leur nature et leurs analogies.

Une bonne histoire de la physique et de l'histoire naturelle serait précieuse pour la connaissance de l'esprit humain. On y verrait des philosophes croire à leurs hypothèses comme à la vérité, nier les effets qui les contrarient, rapiécer leur ouvrage pour le soutenir, comme si ses fondemens n'étaient pas ruineux. Il faudrait raconter les disputes des Newtoniens et des Cartésiens, des défenseurs de l'irritabilité et de ceux qui l'ont attaquée. Qui croirait qu'on a tenté des procès sur des faits évidens ; qu'on a soutenu la permeabilité du verre à l'électricité ; qu'on a rejeté comme fausse la réparation des têtes coupées aux limaçons, et la préexistence des tétards à la fécondation. La nature et la vérité pour lesquelles on semble combattre sont souvent alors les seules qu'on déchire. D'un autre côté, il serait intéressant de voir les efforts du génie et ses succès pour interpréter la nature par des suppositions plus ou moins fondées, qui ne peuvent, il est vrai, se démontrer, mais

qui s'accordent avec les phénomènes; et
ne choquent directement aucune loi de la
nature, et aucun des faits connus, comme,
par exemple, l'hypothèse de Halley pour
expliquer la déclinaison de l'aiguille aimantée, et celle de tous les physiciens pour
rendre raison des phénomènes magnétiques.

Il ne serait pas moins curieux de rechercher les causes de l'enthousiasme, qui
font adopter une opinion par toute une
nation, qui la lui font défendre avec vi-
vacité, et abandonner presque dans un moment. C'est ainsi que la philosophie de
Léibnitz et de Wolf après avoir rétenti
dans toutes les écoles de l'Allemagne,
rempli toutes les têtes en est presque bannie
pour la philosophie de Kant; je ne juge
point ces grands hommes, mais je ne com-
prends pas comment on se livre subitement
à de pareils changemens, sur-tout lorsque
la lumière ne resplendit pas de toutes parts,
pour démontrer clairement les erreurs qu'on
doit abandonner, et pour rendre lumineuses
comme le jour les verités qu'on serait forcé
de recevoir.

CHAPITRE XII.

Sur les conjectures.

LES conjectures sont en général des jugemens fondés sur des rapports plus ou moins vagues, plus ou moins déterminés ; d'après lesquels on essaie de conclure qu'un effet pourrait être produit d'une certaine manière ; parce qu'on ne peut pas se rendre raison pourquoi il ne le serait pas ainsi. C'est par ce moyen qu'on a conjecturé , que les aurores boréales étaient produites par l'atmosphère solaire, pénétrant à grands flots dans notre atmosphère. C'est encore par la même voie, que plusieurs ont cru expliquer ce phénomène avec le fluide électrique renfermé dans l'atmosphère terrestre, et repoussé vers les pôles. Quand les auteurs de ces conjectures les ont créées , ils n'ont sans doute pensé d'abord qu'aux apparences lumineuses,

que ces deux fluides pouvaient faire appercevoir, et à force de savoir et de génie,
ils sont parvenus à rassembler ces fluides
lumineux vers les deux pôles, et à leur faire
donner le magnifique spectacle, qui rend
les nuits des peuples septentrionaux plus
ravissantes que nos beaux jours ; mais ils
n'ont pourtant pu parvenir à cette conjecture hardie, qu'après avoir posé leur problême de cette manière : L'atmosphère solaire,
ou le fluide électrique, étant donné et introduit dans notre atmosphère, ne peut-on
pas concevoir, par leur moyen, la formation
des aurores boréales ; ce qui n'offre pourtant,
pour résoudre ce problême, qu'une base
purement hypothétique ; les auteurs de ces
conjectures ont bien senti ce défaut de leur
solution ; aussi ils ont cherché à appuyer
la solidité des données de leur problême ;
mais comme ils n'ont pu en montrer que la
vraisemblance, ils n'ont pu en tirer que des
résultats tout au plus aussi vraisemblables
qu'elles. On peut regarder sous le même point
de vue, tous les efforts qu'on a faits pour
former une théorie de la terre ; comme les
philosophes qui se sont occupés de cet objet

ténébreux, étaient forcés de mettre à la tête de leurs recherches un principe hypothètique, leurs conséquences ne pouvaient être plus solides que leur principe. L'homme, toujours pressé de jouir, préfère souvent les apperçus rapides de son esprit, à la vraie science, qui impose la fatigue des efforts laborieux, et qui rejette avec mépris le fruit de ses travaux, quand elle n'en voit pas jaillir la vérité avec tout son éclat.

Les conjectures offrent un degré de probabilité moindre que les hypothèses ; pour l'ordinaire elles ne sont que vraisemblables, et leur vraisemblance n'est quelquefois que très-légère : au lieu que les hypothèses bien faites, et qui méritent seules ce nom, sont plus solides dans leurs fondemens , plus concluantes dans leurs conséquences, mieux soutenues dans leurs preuves , et probablement plus près de la vérité. Il serait bien difficile de fixer les limites de ces deux manières de procéder, dans la marche des savans occupés des divers objets de leurs recherches ; parce qu'il y a des hypothèses et des conjectures de toute espèce, et parce qu'il est arrivé plus d'une fois, que les conjectures les plus hasardées en apparence, lorsqu'elles ont été publiées, se sont enfin trouvées la vérité elle-même, tandis que les hypothèses, qui ont d'abord paru les plus probables, sont restées ce qu'elles furent d'abord, ou ont été entièrement anéanties.

Les conjectures ne sont pourtant pas inutiles, elles me paraissent même offrir souvent une nouvelle manière pour tirer parti de différens faits qui peuvent frapper l'observateur; aussi, j'ai cru qu'il ne serait pas inutile de réfléchir sur ce sujet, soit pour connaître les avantages que les conjectures peuvent fournir pour l'avancement des sciences, soit pour indiquer les dangers qu'elles font courir; et comme il peut résulter de ces considérations, quelques directions utiles à ceux qui veulent conjecturer, je ne craindrai pas de les leur proposer, en essayant de présenter quelques moyens pour apprécier la valeur des conjectures qu'on imagine, et de celles que les autres philosophes ont pu former.

Il n'y a peut-être point de théories solides.

qui n'ayent eu leurs germes dans une simple conjecture, ou peut-être dans une idée vague à peine vraisemblable. En s'occupant d'un sujet, on saisit quelquefois un rapport échappé à d'autres ; l'attention qu'on leur donne y découvre des conséquences plus ou moins solides, suivant qu'elles sont plus ou moins approfondies ; mais ce jugement, formé avec rapidité, n'est qu'une faible lueur qui ne répandrait qu'une lumière incertaine, si l'on cessait d'en rassembler les faibles rayons, et de les augmenter par de nouvelles réflexions ; alors, un nouvel examen, de nouvelles recherches peuvent augmenter son énergie, étendre son influence, assurer ses effets ; et des expériences, des observations bien dirigées peuvent démontrer dans la nature, ce qu'on y avait d'abord à peine entrevu.

C'est ainsi que Newton conjectura la combustibilité du diamant, d'après la grande réfringence qu'il faisait éprouver aux rayons du soleil ; parce qu'il avait observé que diverses matières combustibles et transparentes avaient une réfringence plus grande,

que celle qui doit naturellement résulter de
leurs densités ; il conjectura donc d'après ce
rapport apparent, que le diamant avait,
comme ces matières combustibles, la même
propriété ; qu'il pouvait être aussi, comme
elles, susceptible de combustion ; mais cette
belle idée ne fut dans son esprit qu'une
simple conjecture, à laquelle il donna encore le nom plus modeste de question ;
comme on le voit à la fin de son optique.
Cependant cette conjecture hardie, dans un
temps où le diamant était mis généralement
dans la classe des pierres précieuses, et qui
n'était fondée que sur un rapport qui pouvait paraître fort éloigné, et par conséquent
peu solide, engagea à faire des expériences,
qui ont changé la conjecture en un fait
parfaitement démontré, et ce fait conduira,
peut-être mieux que tout autre, à nous
faire connaître la nature du carbone, et de
ses différens états dans ses différentes combinaisons. Il est au moins bien probable, que
sans cet heureux apperçu de Newton, nous
ne verrions aujourd'hui qu'une pierre dans
le diamant ; qu'on n'aurait jamais pensé à
le soumettre à l'action du feu, et que l'on

n'aurait pas soupçonné sa transmutation
complète en acide carbonique par l'action
d'un feu violent, qui combine le charbon
dont il est formé, avec le gaz oxygène
de l'air.

On peut en dire autant, et avec encore
plus de raison, de notre système astrono-
mique, qui n'a été long-temps, comme
tous les autres, qu'une simple conjecture.
Sans doute la possibilité d'expliquer quelques-uns des phénomènes les plus remarquables, en faisant tourner les planètes
autour du soleil, fit naître cette idée ingénieuse; quelques raisonnemens la rendirent
vraisemblable; mais quoique cette conjecture,
sortie de l'école Pythagoricienne, fortifiée
par un examen ultérieur en divers temps,
eut été rendue probable par Copernic et
Galilée; elle n'est pourtant devenue un
système solide que dans le dernier siècle:
de sorte, que si en proposant cette grande
pensée, on ne put dire autrement, pendant
un si grand nombre de siècles, sinon qu'il
serait impossible de montrer, pourquoi elle
ne serait pas vraie; on peut dire à présent,

et l'on dira toujours, qu'il est impossible de croire qu'elle ne soit pas une réalité.

Ceux qui connaissent l'histoire de l'astronomie pourront aisément fixer les époques, où cette opinion n'a été que vraisemblable ;. où elle a commencé à devenir probable, où sa probabilité s'est accrue, et où elle a été changée en certitude. Ils y verront en même temps la marche lente de l'esprit humain, lorsqu'il traverse des apperçus plus ou moins signifians, et la grande accélération de ses progrès, lorsqu'il commence à espérer avec plus de confiance les succès de ses efforts ; on le verra passer ainsi du mépris pour les apparences de la vérité, à l'examen de ces apparences méprisées, hésiter, douter, atteindre des propositions plus ou moins claires, et arriver au travers de ces chemins tortueux et obscurs à l'évidence ; mais l'histoire littéraire de toutes les sciences et de toutes leurs branches, à l'exception peut-être de quelques parties des mathématiques, offre les mêmes procédés dans la découverte dès vérités qu'elles enseignent.

Il résulte donc de tout cela, que puisque telle est la marche initiale et progressive
de l'esprit humain, il est bien probable que
les conjectures des bons esprits sont essentiellement nécessaires, pour favoriser les découvertes des secrets de la nature : elles ou-
vrent des routes nouvelles dans ces lieux
abandonnés, où l'on n'appercevait plus d'is-
sue ; elles comblent les précipices ; elles si-
gnalent les écueils, là où l'on ne voyait auparavant que des chûtes ou des naufrages.
Certainement toutes les conjectures ne sauraient avoir ces avantages ; il appartient seulement au génie de les concevoir et de les
juger ; lui seul peut avec quelque confiance
les présenter aux savans, parce que lui seul
se sent les ressources nécessaires pour se ha-
sarder dans des terres inconnues, pour se
diriger sûrement au milieu des obstacles qui
les encombrent, et pour s'élancer au travers
des dangers que l'imagination et les circonstances peuvent y multiplier.

Quoique les principes métaphysiques aient
fourni quelques conjectures heureuses sur la
physique et l'histoire naturelle, je crois pourtant

tant qu'il faut beaucoup s'en défier. Leibnitz prévit à la vérité le polype, mais ce fut un effet du hasard; son principe de la chaîne des êtres qu'il voulait former lui fit imaginer ce lien entre le règne végétal et animal; cependant ce principe ne me paraît pas démontré par le raisonnement, et je doute qu'on puisse appercevoir qu'il soit probable quand on examine avec attention la suite des chaînons qu'on propose.

Quoiqu'il en soit, une idée heureuse jetée en avant change les idées des observateurs et leurs procédés; elle peut appliquer leurs sens sur les parties d'un objet qu'ils auraient négligées; elle leur donne une force qu'ils n'auraient pas eue auparavant; elle leur découvre ce qui leur avait échappé, et ce qui leur aurait toujours échappé de même, s'ils n'avaient pas été prévenus; elle domine les idées qu'on a cru vraies, et qui ne permettent de voir que ce que l'on a constamment vu, quoique mille objets neufs et importans restent inapperçus sous leurs yeux. Lorsque le professeur Alexandre Volta faisait ses belles expériences sur la combustion du gaz hydrogène ; lorsqu'il cherchait dans l'eau qui servait à ses opérations les résidus qu'elles pouvaient lui offrir ; lorsqu'il contemplait cette vapeur qui accompagne la combustion de ce gaz ; le moindre indice sur la composition de l'eau lui aurait fait entreprendre ses expériences sur le mercure, et cette belle découverte aurait éclairé la science quelques années plutôt. Elle n'aurait pas échappé à Maquer cette belle découverte, s'il avait eu la hardiesse de conjecturer quelque chose sur les gouttes d'eau qu'il observait après l'inflammation du gaz hydrogène mêlé avec le gaz oxygène ; mais il fallait l'œil pénétrant d'un grand génie pour oser former cette grande conception avec la forte logique des Lavoisier et des Laplace, pour la saisir dans l'oxidation du fer rougi au feu, et dans le gaz hydrogène qu'on recueillait en le plongeant alors dans l'eau.

C'est le même génie, la même logique qui fit former à Hauy l'heureuse conjecture d'où Vauquelin tira la découverte de cette nouvelle terre qu'il a appelée glucine.

Hauy ayant observé une conformité parfaite dans les formes de l'aigue marine et de l'émeraude, invita Vauquelin à refaire l'analyse de ces deux pierres qu'on pouvait croire bien analysées; cependant, il jugea qu'elles devaient avoir les mêmes élémens fondamentaux, parce qu'elles offraient la même crystallisation. Vauquelin confirma bientôt la justesse de la conjecture de Hauy, mais l'œil observateur de Vauquelin trouva d'abord la substance de ces pierres différentes de l'alumine qu'on croyait y avoir découverte; l'action des réactifs dont il se servit ne fut pas réellement la même sur ces deux substances; la dissolubilité de cette nouvelle substance dans la potasse fut moins grande; dès lors Vauquelin l'étudia avec plus de soin, et il se convainquit que ce qu'on avait pris pour l'alumine n'en était pas, et qu'il avait donné une nouvelle terre à la minéralogie; son goût sucré la lui fit appeler glucine.

Cependant si les conjectures favorisent les progrès des sciences et des arts; si l'on doit encourager les philosophes à pu-

blier celles qu'ils peuvent former ; il ne faut
pas se dissimuler les dangers qui les entourent , et les conséquences funestes qu'elles
peuvent avoir. Toutes les conjectures qui
paraissent heureuses , sur-tout celles qui
semblent éclairer ces régions ténébreuses ;
où l'on ne distingue aucune trace pour les
parcourir , sont toujours très-séduisantes.
Celui qui les trouve les saisit pour l'ordinaire avec avidité ; il les croit plus à lui
que celle qui lui sont fournies par les observations ; il les considère avec plus d'in-
dulgence , et il aime à se persuader que les
secrets de la nature sont renfermés dans
son cerveau. Bien peu d'hommes ont comme
Newton cet amour ardent pour la vérité qui
ne consent à la reconnaître , que lorsqu'elle
se montre accompagnée de toutes ses preuves.
D'un autre côté ceux qui reçoivent les conjectures faites par d'autres sont entraînés par
l'éclat de leurs apparences , et décidés à les
adopter par cette inertie naturelle, qui empêche souvent de chercher mieux quand
on croit avoir quelque chose. Tous les adoptent ainsi par parésse, les soutiennent par
amour propre, et après s'être trompé soi-

même, on ne craint pas de voir les autres se tromper. C'est ainsi que les systèmes ou les conjectures de Ptolomée et de Tycho-brahé, quelques bisarres qu'ils fussent, re-poussèrent si long-temps celui de Philolaus, d'Hipparque et de Copernic. C'est ainsi, que les Péripatéticiens combattirent si long-temps pour l'horreur du vide, qui n'était pas même une conjecture, contre les expé-riences de Toricelli et de Pascal, qui démon-traient que l'ascension de l'eau dans les pompes aspirantes, était produite par la pe-santeur de l'air : c'est ainsi que l'opinion d'Euler sur la nature de la lumière qu'il a cru long-temps formée par un fluide émi-nemment élastique, a balancé quelque temps la théorie de Newton qui l'a fait voir comme un fluide discret. C'est ainsi que les progrès de la vraie philosophie peuvent être arrêtés dans le moment même où ils sont le plus accélérés. Faut-il donc abandonner les con-jectures ? Non, sans doute, mais il faut les faire avec sagesse, et les examiner avec une scrupuleuse attention.

On peut s'étonner, avec raison, quand

on parcourt le nombre prodigieux de conjectures absurdes qui ont occupé les philo-
phes ; mais on pourra s'étonner encore
davantage , en pensant que le physicien et
le naturaliste sont mieux placés pour conjecturer sur les objets de la physique et de
l'histoire naturelle , que le politique sur les
affaires publiques , le négociant sur son
commerce , et le moraliste sur les événemens de la vie. Si les premiers ont des
données pour conjecturer , elles peuvent être
parfaitement fixes , quand ils sont vraiment
observateurs ; la cause qu'ils cherchent, est
celle d'un phénomène rigoureusement déterminé , les objets de leurs idées et de leurs
conjectures, sont pour l'ordinaire invariables;
ils les ont presque toujours sous leurs sens
pour les consulter, entre leurs mains pour
les interroger; ils n'ont qu'à percer le voile
qui leur cache ce qu'ils voudraient voir.
Il est donc vrai que s'ils conjecturent mal, ou
s'ils ne conjecturent pas, c'est, ou par leur
faute , ou parce qu'ils n'ont pas su saisir
les conditions nécessaires pour la solution
de leur problème. Il me paraît aussi que
les ressources fournies par les mathématiques

pour conjecturer l'avenir, deviennent presqu'inutiles au physicien, qui s'occupe toujours d'un fait présent dont il cherche l'explication.

Je devrais me borner ici à tout ce que j'ai dit, lorsque j'ai prescrit quelques règles pour faire les hypothèses ; j'y renvoie aussi tous ceux qui se hasardent à conjecturer, dans les sciences de la physique et de l'histoire naturelle ; mais comme l'art de conjecturer offre pourtant quelque chose de particulier, j'ai cru convenable d'y ajouter encore quelques directions plus appropriées à ce sujet.

Pour faire des conjectures en physique et en histoire naturelle, sur un sujet donné, il faut ramener autour de soi, tout ce qui peut lui appartenir directement et indirectement ; il faut même chercher tout ce qui peut offrir des phénomènes, qui lui soient plus ou moins analogues, ou avoir des rapports qui présentent quelques ressemblances avec les siens. Il est certain que lorsque les données manquent pour trouver la vérité, il ne faut négliger aucune de celles qu'on peut se procurer pour en approcher même de très-loin, et autant qu'il est possible. L'art de conjecturer, suppose donc ici une connaissance approfondie, de tout ce qu'on peut savoir sur le problême qu'on veut résoudre. Le géologue, qui ôse créer des conjectures sur la formation des montagnes, doit connaître à fond les différens genres de pierres qui peuvent les composer, leurs formes, leurs cassures, l'impression de quelques réactifs sur elles, leurs gisemens, leur situation respective, les corps qu'on y trouve, ce qui les environne, les vallées qu'elles forment, leur direction, etc. Dans un sujet aussi profondément ténébreux, on ne saurait employer trop de móyens pour découvrir ce qu'il cache. Je ne crains pas de remarquer, à cette occasion, que dans des sujets de cette espèce, lorsque divers savans d'un mérite reconnu, ont eu une foule de réponses différentes, et souvent opposées sur les mêmes questions, qu'ils ont adressées avec sagesse à la nature, on peut croire, que le problème n'est pas susceptible encore d'une solution vraisemblable, et qu'au lieu de la chercher dans des rapports insignifiants, ou dans des suppositions purement gratuites, il vaut beaucoup mieux se procurer, par l'observation, de nouvelles données, comme Desaussure, et attendre de les avoir trouvées, plutôt que d'errer sans guides dans le vague du possible, et dans les brouillards de l'imagination.

Il paraît d'abord que dans une réunion de faits, qui peut être plus ou moins considérable, il faut nécessairement choisir, soit entre les différentes parties du sujet qu'on veut éclairer, soit entre les phénomènes qui paraissent avoir quelque analogie avec lui, soit entre les divers moyens qui se présentent pour obtenir l'explication désirée; alors on pourra saisir d'abord le cas particulier, dont la solution devra conduire à la solution générale, comme les analogies qui offriront les idées les plus probables, et les moyens les plus énergiques.

La formation de la grêle est un phénomène météorologique, qui a exercé vainement la sagacité des physiciens; je le choisis, parce que les fautes instruisent mieux que les succès ; on y apperçoit davantage ce qui peut jeter dans l'erreur. La grêle offre des glaçons solides , différemment figurés , ils ont pour l'ordinaire la forme de polyèdres irréguliers , ils sont composés de différentes couches de glace, appliquées les unes sur les autres ; ce qui prouve que la plupart des grêlons ont été formés successivement. On sait bien que ces glaçons ne sont que de l'eau gelée, qu'ils sont quelquefois mêlés avec la pluie ; ce qui indique qu'ils ne viennent pas du lieu où la pluie commence : on sait encore, que ces glaçons sont lancés, pour l'ordinaire , avec une grande force ; que les campagnes en sont dévastées en été, pendant un temps très-chaud , lorsque des vents violents succèdent à un grand calme ; l'atmosphère étant alors chargée de nuages plus ou moins noirs, rayés de bandes plus ou moins blanches , mais en petit nombre , et vers une seule partie du ciel. Ces glaçons sont, pour l'ordinaire, très-durs, et presque transparents ; j'en ai vu pourtant en été , une seule fois , qui étaient parfaitement opaques, blancs comme la neige, et presqu'aussi mols qu'elle ; il y en avait de la grosseur d'une petite noisette , qui s'écrasaient sans peine entre les doigts. Enfin , la grêle tombe très-rarement pendant la nuit, et plus rarement encore en hiver. Ici l'on ne peut guères former que des conjectures , et les physiciens se sont exercés plus ou moins heureusement.

Les uns ont cru que l'électricité de l'air produisait cet effet , parce que l'évaporation doit être alors, suivant eux , plus abondante. Les autres ont pensé , qu'un refroidissement subit , occasionné par la violence du vent, en était la cause. Ces conjectures , au premier coup-d'œil , sont séduisantes, et comme il est impossible de faire des expériences tranchantes , on se laisse entraîner par ces apparences ; mais il faut juger ces conjectures avant de les adopter , ou même de les supposer probables ; il n'y a qu'un moyen, c'est de rapprocher de ces conjectures , ce que la physique peut apprendre sur le phénomène, et sur les moyens employés pour l'expliquer. Je n'entrerai pas dans cette longue discussion, qui pourrait être fort intéressante , mais je me borne à quelques remarques principales , comme je me suis borné aux deux conjectures qui m'ont paru les plus raisonnables.

Et d'abord, quelque vive que soit l'électricité des nuages pendant les orages violents, on ne peut soupçonner qu'elle produise en été la congélation de l'eau. Les plus fortes machines électriques , ne font point naître d'effets analogues à celui de la grêle : les thermomètres les plus sensibles , exposés , après avoir été mouillés, à leurs courants de fluide électrique, ne descendent jamais d'une manière qui puisse faire soupçonner une congélation au milieu de l'été ; il est même très-probable que le petit refroidissement , qu'on peut y observer avec les plus fortes machines , n'est occasionné que par le renouvellement de l'air, que le courant du fluide électrique doit favoriser. Il paraît encore , que ce fluide ne produit l'évaporation des fluides , que parce qu'il augmente le renouvellement de l'air, suivant les belles expériences faites par Van Marum, avec l'énorme machine Teylerienne ; de sorte qu'à cet égard, ce qu'on sait en physique, sur l'électricité, rend cette conjecture très-faible. Je ne voudrais pourtant pas l'exclure tout-à-fait, parce qu'on ignore si les conclusions de l'infiniment petit à l'infiniment grand, peuvent être solides.

Une évaporation abondante pendant l'été, produit bien du froid dans les substances humides qui l'éprouvent, et même un froid supérieur à celui de la congélation ; mille expériences l'établissent ; on sait même que l'évaporation s'augmente dans un milieu plus rare, que celui qui est formé par l'air qui touche la terre habitée, quoique la chaleur soit la même ; à cet égard, la conjecture qui forme la grêle, par le moyen de l'évaporation, peut être vraisemblable ; mais il faut que l'évaporation soit soudaine, et ici la cause semble manquer ; d'ailleurs pourquoi ne grêle-t-il pas toutes les fois qu'il y a de grands nuages, une chaleur très-forte, et des vents violents. Enfin, pourquoi grêle-t-il quelquefois en hiver ?

Les vents violents pourraient sans doute produire cette congélation de la grêle, par

leur extrême rapidité, en favorisant l'évaporation ; mais j'ai vu tomber la grêle, avec une
grande abondance, perpendiculairement au
sol ; il est vrai qu'elle était peu dure, qu'elle
s'écrasait aisément entre les doigts. On peut,
sans doute, imaginer des courants d'air
supérieurs, extrêmement rapides ; mais comment les concevoir, tandis que le vent serait
à peine sensible près de la terre, et si la
grêle était lancée par ces courants rapides,
comment arriverait-elle perpendiculairement
à nos pieds, et perdrait-elle toute la direction inclinée qu'elle a reçu des courants ?
Cette conjecture n'est pas rigoureusement
sans fondemens, mais sa probabilité me
paraît assez faible.

Ne serait-il pas plus vraisemblable de
former la grêle dans ces régions de l'atmosphère les plus élevées, où l'on sait bien que
le froid doit être très-vif, et où les vapeurs
chargées de calorique, pendant l'été, pourraient arriver quelquefois, parce qu'elles
seraient plus gazeuses, et où elles pourraient
être lancées par le vent ; alors en perdant
graduellement leur calorique, elles pourraient

arriver avec célérité en gouttelettes dans ces régions glaçantes , où elles formeraient le noyau du grêlon qui, en redescendant, se couvrirait de la couche d'eau, qu'il formerait au milieu des vapeurs aqueuses qu'il traverserait , et qu'il gêlerait par le grand froid qu'il aurait éprouvé ; ce qui expliquerait les couches du grêlon : ensuite, il serait d'autant plus gros, qu'il redescendrait d'un lieu plus élevé , et il pourrait être d'autant plus irrégulier , qu'il serait balotté davantage au milieu des vapeurs, ou qu'il rencontrerait des vapeurs plus ou moins prêtes à se résoudre en eau. Il résulterait de là , que la grêle molle, que j'ai observé dans un temps qui n'était pas bien chaud, descendait d'un lieu moins élevé et moins froid. Mais ce qui pourrait donner un peu de vraisemblance à cette conjecture , c'est qu'il grêle souvent sur les montagnes élevées , c'est qu'il n'y pleut jamais , c'est qu'il ne tombe jamais que de la neige sur la cîme du Mont-Blanc , à 2,400 toises d'élévation, suivant l'observation de Desaussure ; c'est que les vents les plus violents, sont ceux qu'on éprouve dans ces régions éthérées ;

c'est que la grande rapidité de la grêle indique les lieux fort élévés d'où elle part, par la grande accélération que son mouvement doit recevoir en tombant. Enfin , si la grêle est rare en hiver et pendant la nuit, c'est parce que la chaleur manque , pour lancer les vapeurs chargées de calorique dans ces lieux glaçants ; mais quoiqu'il en soit, la cause de la formation de la grêle, est encore à trouver.

Enfin , les congélations de la chimie pourraient fournir une nouvelle conjecture, mais elle ne me paraît pas plus heureuse, à moins qu'on ne démontrât, dans l'atmosphère, les ingrédiens nécessaires pour produire ce refroidissement : Cependant, l'eau de la grêle fondue, ne permet pas de soupçonner une cause semblable , et le poids des gaz salins ne saurait faire croire à leur ascension dans les régions élevées , d'où la grêle doit partir.

Il paraît bien, à présent, que tous les moyens propres à produire un effet, dans certains cas , ne sauraient en faire naître

qui

qui lui soient analogues, dans toutes les circonstances, et par conséquent, que les conjectures, fondées sur cette base, ne seront pas toujours sûres ou même vraisemblables, si elle ne peut pas s'associer avec ces circonstances ; de sorte, que pour se préserver de l'erreur ou de l'invraisemblance, il faut rendre les analogies le plus rapprochées qu'il sera possible.

On voit donc, qu'il faut estimer les degrés de probabilité d'une conjecture, par les effets réels des causes qui servent de termes de comparaison, sans s'arrêter aux considérations générales, qu'elles peuvent offrir ; ainsi, dans l'exemple précédent, il m'a paru nécessaire d'examiner les effets du vent, de l'électricité de l'évaporation, relativement aux circonstances particulières, que le phénomène de la grêle doit présenter.

On peut appliquer tout ce que j'ai dit, aux conjectures formées pour expliquer les variations du baromètre ; il est reconnu qu'elles sont toutes, plus ou moins, défectueuses. Sans entrer dans leur examen, je remarquerai seulement, que leur insuffisance est palpable, que leur nombre et leur variété sont considérables, et que ce phénomène si réfractaire à tous les moyens employés pour en pénétrer la cause, devrait faire comprendre l'inutilité d'appliquer à cette recherche les petits rapports particuliers qui nous frappent le plus ; aussi l'on devrait sentir qu'elle depend de quelques phénomènes plus généraux que ceux auxquels on a pensé jusqu'à présent. Mr. De Buch a soupçonné avec raison, que les variations du baromètre pourraient être la conséquence de quelque phénomène cosmique.

On ne doit jamais perdre de vue, en formant des conjectures pour expliquer les phénomènes naturels, qu'il est indispensable de les connaître autant qu'il est possible ; si l'on se trompe sur leur nature, on doit nécessairement se tromper sur les moyens qu'on croit pouvoir employer pour les produire.

Il arrive pourtant qu'on fait des conjectures purement idéales ; l'observation ne leur

donne que des appuis apparents; mais quoiqu'elles puissent plaire, parce qu'elles offrent
des explications qui ne permettent aucune
objection solide; on s'apperçoit bientôt qu'elles ne peuvent subsister, que parce qu'on
n'a pas plus de moyens pour les anéantir,
que pour fonder leur solidité. Tels sont,
par exemple, ces crystaux, ou ces miroirs
imaginés pour multiplier l'image du soleil
ou de la lune, dans les halos.

Il paraît donc que les conjectures n'offrent
aux physiciens que des explications ap-
puyées sur la possibilité des causes soupçonnées, ou sur leur vraisemblance, où
tout au plus sur une légère probabilité. Les
meilleures ne sont que des espèces d'analogies, pour lesquelles on peut être dirigé
par ce que j'ai dit sur cette manière de
procéder, dans l'étude de la nature.

Enfin, une conjecture ne fixera l'attention, que lorsqu'elle ne renfermera rien d'absurde, ou de contradictoire avec le phénomène qu'elle pourrait expliquer, et les
lois de la nature qu'elle emploie; elle doit

encore rendre raison plus ou moins de tous les effets, de tous leurs rapports, ou du plus grand nombre d'entr'eux ; puisque c'est pour cela qu'elle a été imaginée ; son explication doit être aussi générale qu'il est possible ; enfin , elle sera d'autant plus solide que les rapports qui lui servent de bases seront plus importans. Une des conjectures les plus heureuses qu'on ait faite, est celle de Huyghens pour expliquer les différentes apparences de l'anneau de Saturne ; elle fut soutenue d'abord par le calcul, et ensuite confirmée par l'observation.

Il est bien clair, que les conjectures s'étendent comme les probabilités, de la possibilité à la certitude ; par conséquent il doit toujours y avoir une raison plus ou moins déterminànte entre leur possibilité et leur impossibilité, lorsqu'on a quelque connaissánce des objets sur lesquels on a conjecturé : de sorte que le physicien peut jusqu'à un certain point, suivant les cas et son savoir, déterminer la probabilité d'une conjecture : il résulte de là, que cette probabilité est

proportionnelle au nombre et à la solidité
des raisons qui l'établissent ; on ne pourrait
pas au moins, comme je le soupçonne, cal-
culer avec quelque exactitude les degrés de
la bonté d'une conjecture , parce qu'il y a
toujours un trop grand nombre de données
qui manquent ; parce qu'on ignore l'importance des données inconnues ; et parce
que le nombre des preuves qui pourrait
évaluer la vérité de la conjecture, ou sa
fausseté est indéfini ; puisque dans l'un des
cas elle serait vraie , et fausse dans l'autre.
Ainsi donc, comme il est impossible de fixer
le degré de solidité d'une conjecture, on
est forcé de l'estimer par la force des preuves
qui l'établissent ; alors chacune offre les quan-
tités connues qui peuvent aider dans la solution du problème ; mais il faut les prendre
séparément ; chercher leur valeur par leurs
rapports avec ce qu'on connaît le mieux dans
la nature, pourvu qu'il soit analogue avec
l'objet de la conjecture ; saisir leur liaison ,
et si le résultat n'est pas complet , on pourra
du moins espérer d'avoir évité une erreur
considérable.

On ne juge guères ce qui est que par ce qui a été; par conséquent on ne risque pas de s'égarer beaucoup, en jugeant la cause d'un effet observé, lorsqu'on l'ignore, par celle d'un fait analogue, qui serait bien connue; puisque la nature paraît suivre assez communément des formules qui sont générales : mais ceci suppose, que celui qui forme la conjecture, comme celui qui la juge, a les connaissances suffisantes non-seulement pour la former et la juger, mais encore pour la former et la juger sainement, et qu'il n'a pas des préjugés, ou quelque intérêt qui le porte à la former ou à la juger d'une manière particulière. Cependant comme la conjecture pourrait encore être fausse, il s'ensuit que le nombre des analogies et des faits seuls, indépendamment de la connaissance de son auteur ou de ses juges, ne pourrait pas tranquilliser sur sa probabilité.

Quoique ce critère de conjectures soit tiré de l'expérience, il n'est pourtant qu'hypothétique, puisqu'il n'est pas tiré de l'expérience elle-même, mais des conséquences qu'elle fournit.

CHAPITRE XIII.

De la méthode analytique.

L'OBSERVATEUR n'a pas rempli sa tâche, quand il a recueilli de bonnes observations, remarqué des rapports, imaginé des explications ; il faut encore qu'il cherche la meilleure route pour arriver à la vérité, et la retirer toute entière des découvertes qu'il a pu faire. Il faut qu'il instruise les autres de la manière la plus facile et la plus sûre. La méthode analytique semble réunir ces avantages ; elle fait parcourir mille détours sans s'égarer, et elle conduit sans fatigue à l'objet des recherches dont on s'occupe ; parce qu'elle applanit les mauvaises routes, et évite les efforts inutiles ; elle fixe d'abord les regards sur les points importans qui peuvent, comme des signaux, montrer le meilleur chemin , ou y ramener quand on s'en écarte. Une connaissance plus approfondie de cette méthode a fait faire de grands progrès aux sciences ; elle porte avec elle sa boussole et son flambeau.

La méthode analytique est en général un moyen de découvrir la vérité, par lequel on décompose peu à peu un sujet, afin d'arriver successivement après la décomposition de toutes ses parties à l'idée la plus simple qu'on puisse s'en former; semblable à ces pyramides dont la base est formée par plusieurs pierres liées ensemble, mais dont la largeur toujours diminuée en s'élevant se termine par une seule pierre soutenue par toutes les autres, qui n'a pu être posée qu'après toutes celles qu'elle couronne; de manière qu'il faut les ôter toutes en commençant par la première, pour arriver enfin aux dernières pierres qui les supportent toutes ; de même, la vérité qu'on cherche par cette méthode, entrevue dans le premier fait qui doit former le premier chainon de la chaîne prend de la consistance et de la généralité, à mesure qu'on avance dans sa recherche, en suivant le fil analytique qu'on a commencé de prendre pour guide.

L'analyse physique consiste dans l'art de remonter des effets à leurs causes, du composé à ses composans, à la manière dont la composition s'est faite, aux nuances que l'être composé a revêtu pour arriver à sa perfection, afin de découvrir par la nature de sa composition les rapports qu'il peut avoir avec les êtres qui agissent sur lui, ou plutôt afin de pénétrer sa nature, qui est la réunion de tous ses rapports, ou de toutes ses qualités. On pourrait de même passer du simple au composé, comme on descend du composé au simple : c'est la même route commencée par une extrêmité différente ; les circonstances apprennent celle qu'il faut choisir.

PREMIÈRE RÈGLE.

Les fondemens de l'analyse sont les idées simples acquises par les sens ; le connu conduit à l'inconnu ; les idées présentées par l'observation fournissent, en se combinant, des idées plus composées ou plus simples, si les premières ne sont pas assez simplifiées. Les idées abstraites tirent leur origine des idées que les sens trouvent dans les objets agissant sur eux. Les idées simples produites par l'observation, peuvent conduire aux idées les plus complexes ou les plus abstraites ; mais pour bien connaître celles-ci, il faut avoir une idée juste de leurs parties intégrantes, ce qui offre la première règle de l'analyse physique. Acquérez d'abord autant qu'il est possible les idées les plus simples de l'objet que vous voulez pénétrer.

Les succès de l'analyse mathématique sont dûs à la simplicité des idées qui font la base de ses raisonnemens, et à la facilité qu'on a souvent de les combiner entre elles. Pour se servir avantageusement de l'analyse dans les autres sciences, il faut de même en placer les fondemens aussi bas qu'il est possible ; dans les recherches de physique et d'histoire naturelle ; il faut qu'ils reposent dans la nature. Bonnet creusant le mystère de la génération, prend pour principe de sa théorie l'être organisé dans le

moment de son existence, où il commence
à être perceptible ; il se saisit des observations de Haller sur le poulet ; il considère
la membrane qui recouvre le jaune dans
l'œuf ; il voit que cette membrane est aussi
celle qui recouvre l'intestin du poulet ; de
sorte que l'intestin ne peut être imaginé séparé
du jaune, ni le jaune séparé de l'intestin. Il
voit avec Spallanzani les graines des plantes,
lorsque la fleur est dans le bouton. Les principes de toutes les sciences sont des faits
simples. La chûte des corps vers le centre
de la terre, est le principe sur lequel repose le système du monde.

SECONDE RÈGLE.

Quand on a trouvé ces idées simples
dans la nature, il faut en tirer les conséquences immédiates qui sont l'extension des
premières idées, ou qui doivent se borner
à l'expression d'une idée un peu plus étendue,
que celle qui représente le fait lui-même.
Bonnet ayant vu que la membrane du jaune
de l'œuf était la membrane elle-même de
l'intestin du poulet, conclut que l'intestin

et le jaune ont toujours existé ensemble ;
que cet intestin n'a pu exister sans le poumon, le cœur, l'estomac etc., et par conséquent, que le jaune existant avant la fécondation, le poulet doit avoir existé avec
lui. Il fait le même raisonnement pour les
graines observées dans les boutons des fleurs
long-temps avant que les étamines pussent
répandre leurs poussières. Il voit cette conséquence s'affermir par une foule de découvertes, et il pense que les germes préexistent à la fécondation, et qu'ils ne sont pas
engendrés ; cette conséquence est rigoureuse ;
elle est renfermée dans le fait, dont la
première proposition est l'expression. La seconde règle de l'analyse consiste donc à
déduire les conséquences les plus immédiates
du fait analysé ; de manière que ces conséquences diffèrent peu du fait lui même.

TROISIÈME RÈGLE.

Toutes les propositions de l'analyse doivent être liées, mais les idées qui les forment
étant l'expression des faits, ou leurs conséquences immédiates ; elles doivent recevoir

de la nature elle-même le lien qui les rattache entr'elles. Les faits, leurs conséquences
qui promettent de nouveaux faits seront
donc unis, de manière qu'ils forment un
tout, où chaque partie sera tellement à sa
place et liée aux autres, qu'on ne puisse
la séparer ou la déplacer sans rompre leur
ensemble. Bonnet ajoute un nouveau chaînon
à sa chaîne, en y joignant un fait qui découle du raisonnement précédent ; savoir
qu'il n'y a point de germe développé sans
l'action du mâle. La seconde règle fournit un quatrième chaînon ; car puisque le
germe ne peut se développer par lui-même,
il doit y avoir un principe dans la liqueur
séminale du mâle qui a ce pouvoir, et l'on
est porté à le croire, quand on observe les
mulets qui offrent les modifications que cette
liqueur fait éprouver au germe qu'elle a
touché. La troisième règle de l'analyse con_
siste donc à nuancer les idées de la chaîne
de manière qu'elles soient les unes dans
les autres, et qu'en s'éloignant du premier
chaînon, la chaîne s'allonge toujours davantage.

QUATRIÈME REGLE.

Les idées d'un sujet ne lui appartiennent pas tellement qu'on ne puisse les retrouver ailleurs. La liaison des diverses parties de la nature est souvent si étroite, qu'il faut les voir les unes dans les autres, et les expliquer par le jour, qu'elles peuvent réciproquement se prêter. La chaîne analytique offrira donc des chaînons, que l'attention et la réflexion seules pourront découvrir. Le troisième chaînon, que Bonnet a formé dans ses *considérations sur les corps organisés*, montrait le germe contenu dans l'œuf développé par la liqueur séminale du mâle. Cette nouvelle idée avait besoin d'explication, et cette explication doit fournir un nouveau chaînon à l'analyse : on se demande naturellement, en quoi consiste ce développement ; on trouve bientôt la réponse dans les faits ; mais cette réponse est la solution d'un nouveau problème, qui exige tout l'appareil de la solution précédente. Se développer, c'est croître en tout sens, mais un corps organisé ne saurait croître, sans l'addition d'une matière qui favorise cette ac-croissement; de sorte que par la seconde règle, on tire cette conséquence, que l'aug-mentation du germe en volume et en masse est l'effet de l'aliment fourni par la liqueur séminale : on prouve cette nouvelle propo-sition par l'influence de la liqueur séminale pour modifier les organes du germe, comme, par exemple, celui de la voix de l'âne dans le mulet, qui résulte de l'accouplement d'une ânesse avec un cheval. Cette modifi-cation n'est pas équivoque, puisque l'organe de la voix de l'âne est fort compliqué, et puisque le son qu'elle forme est si re-marquable. La quatrième règle de l'analyse consiste donc à décrire les effets énoncés par l'observation avec une exactitude et une clarté telles, qu'on puisse bien distinguer leurs circonstances intéressantes, et leurs rapports avec les autres effets de l'Univers, pour en tirer des idées moyennes propres à en faire découvrir d'autres, ou à lier les idées trou-vées, et les observations qu'on a faites.

CINQUIÈME RÈGLE.

L'examen des divers chaînons, qui forment la chaîne analytique, fera distinguer les plus essentiels ; on doit employer alors, pour chacun d'eux, la méthode suivie pour tout le sujet ; mais il faut prendre garde qu'une des idées, qu'on veut analyser, ne soit pas déjà contenue dans une autre qui serait plus générale ; car, ces divisions multipliées sans nécessité, au lieu d'éclairer le sujet, y jeteraient de l'embarras et de l'obscurité. La cinquième règle de l'analyse physique, sera donc d'analyser les chaînons importants de la chaîne, et d'en réfléchir la lumière sur l'ensemble du sujet. Telle est la marche de Bonnet, après avoir établi que le développement du germe était produit par l'incorporation des matières étrangères ; il montre que cette incorporation peut se faire par la circulation, qui suppose le mouvement du cœur, et il en conclut que le cœur de l'embryon bat d'abord après la fécondation, afin, de pousser le fluide qui doit développer le germe dans toutes ses parties : aussi, dès les premiers jours de l'incubation, on

observe

observe les battemens du cœur ; qu'on aurait observé plutôt, si le germe n'avait pas été transparent: Ce nouveau fait exige une nouvelle analyse , pour découvrir comment il s'opère. Le cœur se meut ; comment se meut-il? c'est encore ce que Bonnet trouve en suivant, pour ce fait particulier , les mêmes règles qu'il a suivi pour l'ensemble.

SIXIÈME RÈGLE.

Toutes ces propositions forment la chaîne de l'analyse ; et conduisent à une proposition qui sera la solution du problème. En étudiant les faits, on s'élève ainsi du particulier au général, et l'on trouve enfin une proposition, au-delà de laquelle on ne peut plus rien trouver de certain, ou de probable ; mais quand on étudie ses idées , il faut descendre de la proposition générale aux particulières, afin d'arriver au fait qui les a produites. Telle est la sixième règle de l'analyse physique. Bonnet ayant posé pour le principe de sa théorie, que tous les êtres se développent , en forme l'idée la plus générale de son sujet, et tout son ouvrage est la démonstration analytique de cette proposition, ou l'examen des aveux de la nature, en faveur de cette idée.

Septième Règle.

Quelques faits, relatifs à l'objet analysé, ne peuvent pas entrer dans la grande chaîne de l'analyse, parce qu'ils peuvent être d'abord ou trop généraux, ou trop particuliers ; mais comme on ne doit pas les négliger, parce qu'ils sont une partie essentielle du sujet, il faut les étudier séparément, sans perdre leur liaison avec le sujet principal ; alors, on répétera sur eux, les opérations faites pour analyser les autres. Les reproductions animales et végétales, les mulets, les monstres sont des phénomènes particuliers, que Bonnet doit expliquer pour achever son analyse ; il revient avec eux et pour eux jusqu'aux premiers pas qu'il a fait, et il les étudie comme des sujets particuliers. La septième règle de l'analyse sera donc de rejeter ces faits, qui retarderaient la marche de l'analyse, à la fin des recherches qu'elle oblige à suivre, afin de les

analyser séparément par les règles précé-
dentes.

Pour se faire une juste idée de cette analyse, il faudrait décrire la philosophie de
Bonnet; mais la nature applaudit à ses efforts,
en suivant les lois qu'il découvre. Il embrasse l'immensité de ses sujets, par la
généralité de ses principes; il les applique
aux cas particuliers; il parcourt leurs variétés; il dissipe les erreurs adoptées; il établit
solidement de grandes vérités; il les peint avec
les traits hardis d'une belle imagination; il
dessine la nature d'une manière correcte, et
il lui conserve, dans ses esquisses, la grandeur et la majesté qui la caractérisent. Lisez
les ouvrages de ce grand homme, et vous
aurez des idées plus étendues de l'esprit
humain, vous concevrez mieux en quoi
consiste la vraie philosophie, et vous aurez
plus de considération pour la science et
pour les savans.

L'analyse a pourtant des écueils dangereux qu'il faut éviter. Il importe beaucoup
de n'appliquer jamais à un fait, les consé-

quences qu'on en tire, que lorsqu'on est sûr
qu'elles lui conviennent; autrement on ferait
parler à la nature un langage qui ne lui
appartiendrait point; et on la rendrait la cause
d'une erreur qu'elle n'a point commise.

L'analyse physique fournit mille ressources à l'observateur ; elle donne des idées
claires et vraies , qui sortent toutes entières
des idées sensibles, ou des perceptions. On
se trompe souvent, ou l'on est arrêté dans
sa route, quand on ne voit pas toutes les
parties d'une idée, ou quand on lui en
prête, qui ne sauraient lui appartenir; mais
une idée qui est l'expression franche d'une
perception, est à l'abri de ces erreurs, lorsque l'observateur a ses sens en bon état,
et lorsqu'il est attentif. On peut, il est vrai,
se tromper dans les idées complexes, aux-
qu'elles on s'élève ; mais si elles sont les
conséquences rigoureuses des perceptions ;
si on ne leur attribue que leurs vrais rapports;
si on ne les étend que dans leurs vraies
bornes ; on peut croire à la justesse de son
jugement, parce qu'il faudrait que la perception ne fut pas vraie, si ses conséquen-

ces étaient fausses. On peut même les vérifier par une marche contraire, en remontant au principe d'où l'on est descendu, et en examinant, si chaque idée intermédiaire découle de celle qui la précède; si chaque chaînon se lie avec ceux qui lui doivent être attachés; s'il n'y en a point de faibles ou de rompus, et si l'union du premier au dernier est partout solide et continue. L'observateur peut aisément pénétrer, de cette manière, tout ce qui est à la portée de ses sens, parce qu'il doit cesser de penser, lorsque ses sens n'appuient pas ses pensées; comme on abandonne un bâtiment, lorsque les matériaux manquent pour l'élever.

Cette analyse est le seul moyen d'interpréter fidèlement la nature, quand on l'a faite avec une scrupuleuse attention: si l'on saisissait ainsi l'enchaînement des idées, propres à l'explication d'un fait, ou à la découverte d'une vérité, on aurait trouvé ce qu'on cherche. De même, si l'on pénétrait les rapports des phénomènes entr'eux, ou ceux d'un seul avec tous les autres, ou de chaque partie d'un seul avec lui-même, on serait bien avancé dans la connaissance de la nature ; cette exposition seule serait l'explication du phénomène , et l'analyse seule peut mettre en état de l'obtenir.

Cette méthode , heureuse pour la découverte, est utile pour l'instruction. On suit avec plaisir les idées qui sont bien liées ; elles se gravent mieux dans la mémoire. On est toujours accablé par les raisonnemens isolés , par les observations éparses , qu'on ne sait pas rattacher à quelque chose d'important. Les recherches analytiques s'accomodent à notre manière de concevoir : on parvient par des efforts nuancés à comprendre les sujets les plus difficiles ; parce que chaque pas détruit une partie de la difficulté , et n'exige , dans le même moment , qu'un petit emploi de ses forces , pour vaincre les difficultés qu'on rencontre. Outre cela , une idée rappelle toujours celles qui lui sont naturellement liées ; de sorte qu'un cerveau dont toutes les idées seraient unies par leur lien naturel , comme celui d'une bonne analyse , ne pourrait presque perdre une idée , sans les perdre toutes dans le même moment.

CHAPITRE XIV.

De la méthode synthétique.

IL pourrait paraître singulier que je parle ici de la méthode synthétique, parce qu'elle semble d'abord peu propre pour découvrir la vérité, et peut-être moins convenable pour l'instruction que la méthode analytique ; mais comme on emploie pourtant avec succès la synthèse dans ces deux cas, j'aurais cru supprimer mal à propos un moyen de trouver la vérité, et de la faire connaître.

La synthèse est cette méthode de chercher le vrai par des raisonnemens fondés sur des principes solides et des propositions démontrées ; de manière qu'on y arrive au travers d'une suite de propositions bien établies et bien liées.

T 4

Cette méthode peut servir à découvrir la vérité par les conséquences qu'elle déduit des propositions considérées séparément ; mais elle sert sur-tout pour l'enseignement, parce qu'elle présente toujours ses instructions de la manière la plus certaine, en prévenant tous les doutes, en assurant tous les pas, et en procédant avec lenteur et mesure.

La synthèse ne doit pourtant pas être étrangère à l'observateur, qui se pique d'exactitude ; dans une foule de cas, elle lui offre la démonstration de ses découvertes. Quand Bergman eut trouvé, que l'alun était composé de 39 parties d'acide sulfurique, et 16 parties 1/2 d'alumine, et de 45 parties 1/2 d'eau ; il le démontra en prouvant, par les moyens connus, que l'acide était vraiment l'acide sulfurique ; que l'alumine était réellement cette terre ; enfin, il ne permit aucun doute sur sa découverte analytique, en reconstruisant l'alun avec les élémens qu'il y avait trouvé.

Ce n'est pas sous ce point de vue seul

que je veux considérer la synthèse ; je dois l'appliquer à l'interprétation de la nature, et c'est ici qu'elle deviendra intéressante par l'emploi qu'elle fait des matériaux qu'elle peut avoir, et par la certitude qu'elle donne aux découvertes qu'on a faites. La philosophie en possède deux monumens, qui feront sa gloire pendant la durée du monde, et qui traceront toujours aux observateurs ce qu'ils doivent faire pour, exprimer toute la vérité renfermée dans leurs observations, et la présenter à ceux qui la recherchent, de la manière la plus propre, pour qu'elle leur soit tout à fait sensible. Ces deux monumens sont deux ouvrages de Newton. *Philosophiæ naturalis principia mathematica*, dans lequel ce puissant génie après avoir remarqué dans les phénomènes du mouvement, les forces que la nature emploie, y trouve l'explication des autres phénomènes : de même après avoir découvert les forces par lesquelles les planètes tendent vers le soleil, il en déduit les mouvemens des planètes, des comètes et de la lune : de même dans son *optique*, il trace les phénomènes de la lumière, l'inégale réfrangibilité des différens rayons tombant sous les mêmes angles , et sur la même surface.

La première règle de la synthèse consiste à définir avec soin les termes qu'on emploie, et à déterminer tellement leur sens, qu'il ne puisse y avoir aucune équivoque dans leur emploi; autrement on pourrait confondre des objets qui se rapprochent, et tirer des conséquences contraires à la vérité. Newton définit scrupuleusement les rayons de la lumière, leurs plus grandes et plus petites réfrangibilité et réfraction, les angles d'incidence et de réflexion, les sinus de ces angles, la lumière simple, homogène, similaire, la lumière composée, hétérogène, dissimilaire, les couleurs premières homogènes et simples, les couleurs hétérogènes composées.

Comme il importe d'avoir des vérités démontrées, qui servent de preuves aux propositions qu'on veut démontrer; il faut avoir des propositions d'une évidence bien sentie, pour reconnaître l'évidence des propositions qu'on veut démontrer; telles sont les axiomes des mathématiciens ; telles sont les huit propositions que Newton présente, comme, par exemple, les angles d'incidence, de réflexion et de réfraction sont dans le même plan ; l'angle de réflexion est égal à l'angle d'incidence ; mais ces propositions sont les résultats des expériences de ce grand homme.

On suppose dans les recherches de philosophie naturelle, qu'on peut répéter les expériences fondamentales ; qu'on a les instrumens les plus parfaits, et toute l'adresse nécessaire pour s'en servir ; comme les géomètres supposent qu'on peut tirer une ligne d'un point à un autre.

Quoiqu'on ne traite qu'un sujet, il est toujours plus ou moins complexe ; de sorte qu'il est nécessaire de le diviser pour en étudier séparément les parties ; mais il n'est point indifférent de choisir entr'elles, pour commencer son travail. Il faut toujours mettre à la tête la proposition qui peut y être indépendamment des autres ; la seconde sera celle qui devait être seulement précédée par la première pour être bien entendue ; mais qui est indépendante de celles qui suivront, et ainsi de suite. Le sujet lui-même indique cette division. Newton établit d'abord la différente réfrangibilité des rayons colorés ; il démontre ensuite la réfraction de la lumière homogène, et la proportion du sinus d'incidence à celui de réfraction. Il fait voir ensuite que les couleurs sont essentielles aux différens rayons réfractés ou réfléchis ; que la lumière homogène a une couleur propre et immuable, résultant de sa réfrangibilité, et que l'on peut produire les différentes couleurs par la réunion des différens rayons primitifs.

Quand les propositions sont prouvées, elles deviennent successivement autant de moyens pour prouver les autres, ou pour résoudre les problèmes particuliers qui peuvent se présenter. Newton démontre d'abord la différente réfrangibilité des divers rayons ; il fait voir ensuite, que ces rayons, suivant leurs différentes combinaisons, forment diverses couleurs, et que leur réunion complète produit la couleur blanche. C'est ainsi que par les propositions qu'il a établies, il explique les couleurs de l'arc-en-ciel, et celles des corps naturels.

En traitant un sujet, il se présente diverses questions incidentes, qui ont leur importance, mais qui dérangeraient la marche qu'on s'est tracée, si l'on voulait les traiter dans le moment même; ce qui force de les écarter alors, pour les reprendre ensuite. Newton s'occupe dans une partie destinée à cet objet des observations sur les réflexions, les réfractions et les couleurs des corps minces, transparens. Enfin il joint des considérations sur ces observations avec des expériences sur les réflexions et les couleurs des lames épaisses, transparentes et polies ; de même que sur les inflexions de la lumière et les couleurs qu'elles produisent.

On voit avec admiration dans ce bel ouvrage, que la méthode est aussi vigoureuse que les découvertes sont sublimes ; par-tout les propositions les plus simples précèdent les plus composées ; quand une proposition est démontrée, Newton démontre les conséquences qu'il en tire, et il les approche de tout ce qui peut avoir des rapports avec elles, en graduant toujours leur proximité de la proposition principale, par l'importance de ses rapports.

Mais comment élever un édifice aussi bien proportionné? On comprend que les expériences et les observations qui lui servent de bases doivent être faites et rassemblées ; qu'il faut en avoir les preuves ; alors on s'appercevra bientôt, si l'on a fait les observations nécessaires ; si elles ne laissent aucun doute sur les conséquences qu'on en tire ; si elles sont complètes, sans lacunes, et poussées aussi loin qu'il est possible ; enfin, si elles sont faites avec exactitude, je dirai même avec scrupule.

Tels furent encore les procédés de Newton. Il apprend dans la préface de son optique, que cet ouvrage publié en 1704, avait été commencé en 1675 ; qu'il en avait lu une partie à la Société royale de Londres, et qu'on y trouve ses recherches présentées sous la forme analytique, et disposées dans l'ordre qu'il avait suivi pour ses expériences ; il ajoute qu'il composa l'autre partie, douze ans après, pour perfectionner sa théorie ; enfin, qu'il fit le troisième livre avec des notes recueillies dans ses papiers ; mais ce qui mérite la plus grande attention, c'est le jugement qu'il porte de son ouvrage. Il dit qu'il ne l'a publié que pour céder aux sollicitations de ses amis. Il reconnaît que les explications qu'il donne des couronnes colorées qu'on voit autour du soleil et de la lune sont insuffisantes, parce que les observations lui ont manqué pour traiter ce sujet convenablement ; qu'il a laissé le troisième livre imparfait, parce qu'il n'a pas pu faire toutes les expériences, qu'il avait projettées, et parce qu'il n'avait pas répété toutes celles qu'il avait faites d'une manière satisfaisante, pour toutes les circonstances. Si Newton parle ainsi, quelle impression d'effroi doivent sentir les naturalistes, qui n'ont pas vu mille fois ce qu'ils publient, et qui ne l'ont pas considéré aussi souvent pour le juger et s'en rendre raison.

CHAPITRE XV.

Des systèmes.

J'AURAIS peut-être pu me dispenser dé m'occuper des systèmes, après avoir parlé des hypothèses et de la méthode synthètique; mais comme un système offre à l'esprit une combinaison plus solide qu'une supposition; qu'il embrasse des idées plus générales, et qu'une cause n'est pourtant pas l'effet ou plutôt les effets qu'elle produit; j'ai cru qu'il pourrait être utile de considérer un moment la nature d'un système relativement à la physique. S'il y a quelque ouvrage de l'esprit humain qui donne une grande idée de sa capacité; c'est sans doute lorsqu'il expose par ses pensées la sublimité de la nature; lorsqu'il présente le lien observé entre ses productions, la dépendance de tous les effets produits par des effets plus généraux, et la permanence qui résulte de cette dépendance toujours la même.

Un

Un système est la disposition d'une ou plusieurs parties de la nature, combinées de manière, qu'elles soient enchaînées d'une façon propre à servir à leur conservation, à leur jeu, et quelquefois à leur production ; ensorte qu'elles ne sauraient exister, comme elles sont, sans cette union, et sans que le lien qui la forme fût un phénomène influant, sur tout ce qui concourt à la manifestation des effets qui paraissent en dépendre.

On donne le nom de *système* à cette heureuse combinaison d'idées fondées sur les faits, et déduites les unes des autres, qui rend raison des phénomènes avec lesquels elles ont des rapports, lorsqu'elles sont réunies de cette manière ; quoiqu'elles soient insignifiantes pour cela, lorsqu'elles sont séparées. Un système sera donc un ouvrage synthétique, où tout le corps de la doctrine réposera sur la combinaison des propositions qui le forment, et où la solidité de chacune dépend de la solidité des principes posés, et de l'enchaînure des propositions qui en découlent.

Les principes seront ces idées fondamentales puisées dans l'observation des faits ou dans l'expérience ; ces idées font la force des autres, parce que celles-ci en sont les conséquences.

La nature n'offre d'abord que des faits isolés, dont l'attention peut saisir les liens. Il est vrai que la plupart des faits sont invisibles, que plusieurs n'existent plus quand on les cherche, et qu'ils n'ont souvent existé que pour produire les phénomènes qu'on observe ; puisque la cause cesse d'agir quand l'effet a paru. Aussi au milieu de cette foule d'effets de toute espèce, on se perdrait bientôt, si l'on ne cherchait pas à les rassembler, à les classer, à les réunir pour en faire un tout, qui offre des idées vraisemblables et suivies. Un tel ouvrage mérite le nom de système, lorsqu'il a quelque solidité, mais il y en a bien peu qui remplissent ces grandes vues, et leur perfection sera toujours proportionnelle, à l'élégance, à la propriété, et à la généralité de leurs explications.

Le but d'un système est de lier à un fait général, ou à un petit nombre de faits gé‑ néraux, tous les faits particuliers qui parais‑ sent avoir de l'analogie avec eux, et con‑ courir pour former une idée générale, où ils semblent renfermés relativement au but qu'on soupçonne. Cette définition apprend bientôt, quelle est la nature des systèmes, et la manière de les composer.

Ils supposent d'abord un ou plusieurs principes, dont les conséquences doivent fournir le développement des effets que la nature paraît en faire dépendre. Il ne de‑ vrait sans doute y avoir qu'une espèce de principes pour le philosophe qui a réfléchi sur l'origine des idées, et sur les phéno‑ mènes naturels ; cependant on a fabriqué des systèmes fondés sur des idées géné‑ rales, ou sur des suppositions, ou sur des faits.

Les premiers sont à peine croyables dans la physique, l'histoire naturelle et la méta‑ physique. Des notions vagues, des mots fa‑ briqués et arrangés ; comme l'horreur du vide., l'entéléchie d'Aristote ne sauraient fournir des idées solides : on en tire toutes les conclusions qu'on veut suivant la tournure que l'esprit du philosophe pourra prendre. Il est possible d'éblouir l'imagination par la hardiesse des conséquences, comme dans le système des *monades* ; mais on ne répand aucune lumière, parce qu'on ne peut jamais offrir que des mots qui sont pour l'ordinaire vides de sens.

Les systèmes fondés sur des suppositions plus ou moins gratuites, sont sans doute préférables ; mais ils ne peuvent avoir que la probabilité des suppositions qui leur servent d'appui ; je n'en parlerai pas davantage ; je m'en suis occupé en parlant des hypothèses.

Quant aux systèmes fondés sur les faits, lorsqu'ils sont l'ouvrage du génie et de l'observation, ils offrent une chaîne de phénomènes qui s'expliquent réciproquement, et ils semblent reposer sur une cause générale dont l'influence se fait toujours sentir à chacun d'eux, comme on le voit dans le

·livre des *principes de la philosophie naturelle*, où Newton paraît copier sur la nature elle-même, tout ce qu'il a vu dans ses grandes idées.

Il y a donc cette différence entre les hypothèses et les systèmes, que les premières sont fondées sur des suppositions plus ou moins probables; tandis que les seconds sont les résultats des faits; aussi tandis que les hypothèses deviennent fausses par la découverte de nouveaux faits; tout l'échaffaudage qu'on a bâti s'écroule; au lieu que la liaison des faits qui forme le système, peut être rompue; mais les faits rassemblés subsistent, et se présentent toujours au physicien pour être employés par lui d'une autre manière.

On ne forme des systèmes que pour expliquer les phénomènes, ce qui suppose d'abord que ceux-ci sont bien connus, que l'on saisit le plus grand nombre de leurs rapports, qu'on peut les mettre à leur place, et déduire de cette connaissance une explication claire et facile de chacun. Je ne parle point ici de la manière de faire un système, elle est renfermée dans les règles que j'ai données pour la méthode synthétique.

Tous les systèmes ne se ressemblent pas, parce qu'ils n'ont pas le même but. Il y en a qui rassemblent des faits pour deviner par leurs combinaisons ce qui doit arriver, tels sont ceux de la politique, où l'on juge l'avenir dans le passé : quoique cette méthode soit peu sûre ; cependant le système qu'elle forme est plus solide, que ceux qui seraient fondés sur d'autres données dans des cas semblables.

Enfin il y a des systèmes, où l'on arrange des faits pour trouver leur explication dans le lien qu'on a établi entr'eux, comme dans la chimie et la médecine. Ces deux sciences en particulier ont toujours des faits anciens à expliquer et des faits nouveaux à découvrir. On ne saurait remplir le premier objet sans une disposition systématique des faits trouvés, comme dans les *élémens de chimie* de Lavoisier, et l'on ne peut obtenir le second, si l'on n'a pas sous les yeux tout ce qu'on possède, et si l'on ne cherche pas ce qui peut y manquer ; mais on trouve souvent le second but dans le premier, parce qu'en sachant ce qu'on pourrait avoir, on s'occupe à le découvrir, et l'on montre dans les rapports découverts ou possibles des moyens pour classer les faits qui paraissent isolés sans eux, et qu'il serait impossible d'expliquer autrement ; on en a mille exemples dans l'exposé de la nouvelle théorie chimique dont je viens de parler.

Le principe de la décomposition de l'eau explique l'action des acides sulfurique et muriatique sur les métaux ; la réconstruction de l'eau fait voir comment les oxides chauffés dans le gaz hydrogène redeviennent métaux par la combinaison de ce gaz avec l'oxygène qui remplissait les oxides, et comment il se forme de l'eau dans cette opération. On y apprend que l'acide nitrique doit fournir le gaz nitreux avec les mêmes métaux, et donner néanmoins des oxides comme dans le cas précédent ; parce que l'oxygène de cet acide oxide le métal , et que cet acide qui a perdu une partie de son oxygène devient gaz , mais il reprend son oxygène , quand il peut le retrouver, et il redevient alors acide nitrique. Les phénomènes de l'affinité du carbone, de l'azote et du calorique avec l'oxygène offrent les mêmes explications. On voit ainsi comment l'observation dévoile les faits , et comment les systèmes peuvent les éclairer ; ils ont fait trouver plusieurs phénomènes , qu'on n'aurait peut-être jamais pensé à chercher, si l'on n'avait pas réuni les observations, et si l'on n'avait pas imaginé de considérer cette réunion. On n'appliquerait pas les principes de la nouvelle chimie aux nouveaux faits, si l'on ne l'avait pas adoptée, et si l'on n'avait pas remarqué les avantages de cette application. Quand on a saisi les principes de l'hydrostatique, on comprend l'ascension des ballons remplis de gaz hydrogène, ou celle des ballons dont la chaleur dilate l'air qu'ils contiennent.

Mais quelques soient les avantages des

systèmes, on ne peut se faire illusion sur leurs dangers ; ils séduisent par leurs apparences brillantes. ; ils favorisent la paresse ; ils font négliger l'observation ; ils mènent à l'erreur, et ils la cachent souvent sous le masque de la vérité. Il est toujours plus facile de raisonner sur les faits que de les étudier eux-mêmes, et on les dispose plus aisément dans un certain ordre, qu'on ne parvient à les approfondir. Le Cartésianisme familiarisa avec les hypothèses, et il écarta la bonne philosophie qu'il avait commencé de ramener. Newton revint à l'observation et à l'expérience qui servirent de bases à ses raisonnemens, et il s'interdit les hypothèses, et les explications vagues que la nature ne peut pas avouer.

D'un autre côté les systèmes ont fait entreprendre une foule de recherches pour les établir ou les détruire ; ils ont encouragé mille efforts qu'on n'aurait pas fait sans eux ; ils ont ajouté mille faits à ceux qu'on connaissait ; ils ont conduits à plusieurs vérités qui auraient vraisemblablement échappé. Les rêves de Descartes ont fait trouver le vrai système du monde; quand on vit l'impossibilité de mouvoir l'Univers dans le système des tourbillons, il a fallu chercher un autre ressort; mais ce système encouragea les progrès de l'astronomie, de la physique, de la chimie; on fit des observations et des expériences qui appelaient d'autres théories. Ce ne sont pas les systèmes qui retardent l'avancement des sciences; c'est l'attachement opiniâtre qu'on leur porte. Priestley dit fort bien, que la facilité de faire des systèmes et de les rejetter suivant les phénomènes qui se présentent, est la disposition la plus favorable pour les progrès des sciences.

L'esprit systématique est bien plus dangereux que les systèmes; le premier peut influer sur toutes les recherches; les seconds sont soumis à l'examen de ceux qui les étudient. Le premier cherche à soumettre tout ce qu'il observe à un ordre qu'il imagine sans s'inquiéter souvent de celui de la nature. Les seconds laissent la liberté de les comparer avec ce qu'on observe

Le premier empêche d'observer ce qui frappe les sens pour le rapporter aux idées qu'on s'en est fait avant de le bien connaître. Les seconds fournissent l'occasion d'observer avec plus de soin pour juger, si les faits s'accordent avec la théorie. Le premier ne crée que les pensées qu'on désire. Les seconds peuvent fournir l'occasion de mille pensées différentes, soit pour les appuyer, soit pour les détruire. L'esprit systématique conclut toujours du particulier au général. Les systèmes mettent dans le cas de rechercher, si les cas particuliers rentrent véritablement dans l'idée générale ; ainsi , parce que la plupart des plantes se multiplient par le concours des sexes, la plupart des botanistes ont conclu que toutes les plantes se multiplient de même. Spallanzani a bien démontré, que plusieurs plantes à fleurs femelles donnaient des graines fécondes sans avoir reçu l'influence des poussières. Si Descartes et ses sectateurs n'avaient pas été entraînés par l'esprit systématique, ils auraient reconnu l'impossibilité du plein, et l'absurdité du système qu'ils fondaient.

J'ai multiplié les exemples dans cet ouvrage, pour rendre plus sensibles les idées, que j'ai présentées ; j'ai voulu de même donner ici une idée de la méthode de Newton dans son ouvrage *philosophiæ naturalis principia mathematica*, afin de montrer encore le parti qu'on peut tirer de l'étude de la nature, pour expliquer ses phénomènes. Lorsque cet ouvrage parut, on n'avait rien fait encore qui en approcha, et l'on n'a rien fait depuis, qu'on puisse lui comparer. Les efforts du génie se sont bornés à admirer cette sublime composition, à en tirer quelques conséquences, et à reconnaître que Newton est toujours l'interprête, par excellence, de la nature, et que le système qu'il présente est le code de ses lois.

Newton aidé par la philosophie expérimentale déduit les causes des phénomènes de l'observation ; par l'analyse, il tire de quelques faits certains la connaissance des forces que la nature paraît employer, et les lois les plus simples qu'elle semble suivre dans la production des faits qu'elle présente. Le système de ce grand philosophe est fondé sur les lois du mouvement , et de la pesanteur auxquelles tous les corps sont évidemment soumis.

Newton établit d'abord que tous les corps terrestres tendent vers la terre par la pesanteur, et que la terre gravite également vers eux: il montre ensuite, que les poids des corps placés à une égale distance du centre de la terre sont comme la quantité de matière qu'ils contiennent, et que leurs forces attractives, à distances égales, sont aussi comme la quantité de leur matière ; ce qui lui fait conclure que la force attractive des corps est composée des forces attractives de de leurs parties, et que l'action de la terre sur les corps est produite par les actions réunies de toutes les parties qui la constituent ; en sorte que tous les corps terrestres s'attirent réciproquement avec des forces proportionnelles à la matière attirante.

Newton s'occupe ensuite de la physique céleste ; il pose pour principe, que tous les corps persévèrent dans leur état uniforme

de mouvement et de repos en ligne droite,
à moins qu'ils ne soient forcés à le changer;
d'où il suit que les corps qui se meuvent
dans des courbes y sont toujours retenus par
une force comme les planètes, puisqu'elles
décrivent autour d'un point des aires proportionnelles au temps, ce qui n'arriverait
point si elles n'étaient point pressées par
une force qui tend vers ce point.

Il faut accorder de même, parce que cela
est démontré, que lorsque plusieurs corps
se meuvent d'un mouvement égal dans des
cercles concentriques, les carrés des temps
périodiques sont comme les cubes des distances au centre commun, lorsque les forces
centripètes des corps circulans sont en raison
inverse des carrés des distances. Ou si les
corps circulent dans des orbites presque cir-
culaires, dont les apsides soient en repos,
les forces centripètes des corps circulans
sont en raison inverse du carré des distances, comme l'observation l'apprend.

Il résulte de là que les planètes sont retenues dans leurs orbites par une force qui

agit constamment sur elles ; que cette force se dirige vers le centre des orbites ; que l'énergie de cette force augmente lorsque les planètes approchent de leur corps central ; qu'elle diminue lorsqu'elles s'en éloignent, et qu'elle s'augmente précisément dans la même proportion que le carré de la distance diminue.

Les espaces rectilignes, parcourus par les corps dans un temps donné, sont proportionnels aux forces qui agissent sur eux, lorsqu'ils partent d'un point de repos. Cette conséquence tirée par des inductions fait connaître les phénomènes de la gravité sur la lune ; et elle apprend à connaître la quantité de la gravitation de la lune sur la terre et réciproquement.

Newton applique ces conséquences aux planètes qui tournent autour du soleil, et aux satellites qui tournent autour de leurs planètes principales. Toutes les planètes gravitent ainsi sur le soleil, et le soleil gravite sur elles ; son énergie se fait sentir sur toutes les parties du système, comme on le remarque dans les comètes qui sillonnent aussi une section conique dans les régions indéfiniment reculées de l'espace , et où l'on voit dans un de leurs foyers le soleil comme dans les autres orbites planétaires. On ne peut douter que les comètes , et les planètes gravitent vers le soleil à toutes les distances ; qu'elles s'attirent toutes ; qu'elles aient toutes une action mutuelle les unes sur les autres : quand on remarque les perturbations qu'elles se causent, et sur-tout celles que les astronomes ont si bien suivies pour Jupiter et Saturne.

Ces conclusions sont fondées sur cet axiome, que les mêmes causes doivent avoir les mêmes effets, et l'on ne peut se refuser à son évidence, si tous les corps sur lesquels on peut faire des expériences ou des observations autour de nous et dans le ciel sont graves, comme l'expérience et l'observation le démontrent : cette conséquence se tire pour la gravité de tous les corps, de la même manière que l'on conclut que tous les corps ont les qualités essentielles reconnues dans un grand nombre d'entr'eux.

Après

Après cela Newton combat le Cartésianisme, et il se montre aussi pressant dans cette attaque, qu'il est solide dans les preuves de sa théorie ; on trouve à cette occasion de belles digressions sur les fluides élastiques, et sur ceux qui ne le sont pas, sur la résistance de l'air, sur le son. On rencontre par-tout le même génie, la même logique et la même vérité.

La bonne philosophie est donc toute fondée sur l'observation et l'expérience ; mais en même temps, il faut le génie, la sagacité, les connaissances, le jugement pour en tirer le système du monde. La solution que Newton donne de plusieurs questions difficiles ouvre à la physique un vaste champ à exploiter ; les grands progrès qu'elle a fait sont les fruits de la lumière que ce philosophe a répandue.

CHAPITRE XVI.

Des opinions incertaines fournies par les faits.

ON est étonné non-seulement en voyant des opinions incertaines sur les faits, et des disputes sur les causes de quelques phénomènes ; mais on l'est encore davantage, lorsqu'on remarque, que l'on n'est pas toujours d'accord sur les phénomènes et les faits eux-mêmes. On peut cependant concevoir comment l'effet ne manifeste pas toujours sa cause, et comment un objet étudié d'une certaine manière et avec de certaines idées peut se présenter sous un point de vue différent. Si chacun voit l'arc-en-ciel avec les mêmes couleurs placées dans le même ordre ; chacun peut imaginer une cause de la production de ces couleurs et de leur disposition. Newton a vu pendant quelque temps sa belle théorie contestée. Franklin et Nollet n'ont pu s'accorder sur la perméabilité du verre au fluide électrique. Il arrive encore qu'en donnant plus ou moins d'importance à quelques parties d'une observation, on en néglige d'autres qui pourraient être plus essentielles, et l'on écarte les idées que l'observation plus réfléchie aurait fait naître ; alors on ne voit le phénomène que d'un côté, et l'explication qu'on en donne sera insuffisante ou vicieuse. C'est ce qu'on a pu aisément appercevoir en parcourant le plus grand nombre des théories de la terre, qu'on a imaginées.

Il faut pourtant avouer que cette différence d'opinions est souvent produite par la difficulté d'observer le phénomène d'une manière convenable ; alors on sent bien que ce qui reste caché est précisément ce qui devrait répandre la lumière. On peut considérer divers phénomènes de la physique et de l'histoire naturelle, comme les problèmes indéterminés de l'algèbre, où l'on n'a pas assez de données ; ce qui les rend ou susceptibles de plusieurs solutions différentes, ou ce qui empêche d'en avoir aucune satisfaisante ; mais comme les géomètres ne négligent pas ces problèmes, le naturaliste doit en faire aussi l'objet de ses recherches ; il a même pour l'ordinaire l'avantage, que si l'indétermination des problèmes indéterminés du mathématicien est constante, et ne saurait changer, celle des questions qui occupent le physicien est souvent l'effet d'une obscurité qui peut se dissiper.

J'ai particulièrement réfléchi sur cette partie de la logique des naturalistes en lisant le VI.me volume des *voyages de Spallanzani dans les deux Siciles* ; il y traite quelques questions qui sont toujours sans réponses sur les anguilles.

Spallanzani après avoir rapporté dans le premier opuscule plusieurs traits de l'histoire de ce poisson, examine dans le second, si les anguilles multiplient dans les eaux douces, ou dans la mer ; il pèse les raisons de ceux qui croient que leur multiplication se fait dans l'eau douce, et il fait voir qu'elles ne sont pas décisives ; il montre ensuite qu'il est beaucoup plus probable, que les anguilles se multiplient dans la mer.

Il recherche après cela, si les anguilles sont vivipares, comme quelques naturalistes l'ont cru; il analyse les faits qui ont donné lieu à cette opinion, et il prouve qu'on a pris des vers pour des anguilles, et que la place soupçonnée par Lewenhoeck pour être le dépôt de ces petits poissons était la vessie de l'urine; il conclut enfin que jusqu'à présent on n'a point démontré que les anguilles fussent vivipares.

Enfin, notre grand observateur examine si les anguilles sont ovipares; il démontre d'après Mondini que la découverte des ovaires de ces poissons faite par Vallisneri n'était que l'effet d'une maladie de ces animaux, qu'il avait prise pour les ovaires eux-mêmes, et que les ovaires que le professeur de Bologne plaçait dans les franges striées adhérentes à l'épine du dos étaient formées par de petits utricules pleins d'huile qui excluait le caractère des œufs; d'autant plus que le second rang de ces utricules différait entièrement du premier. Spallanzani n'a point trouvé de laites dans une multitude d'anguilles qu'il a ouvertes, ce qui prouverait que le caractère distinctif des mâles n'est pas toujours perceptible.

Cette ignorance complète sur la génération des anguilles, devient un grand motif pour pénétrer son mystère : aussi ce naturaliste célèbre exhorte ses amis qui habitent les bords de la mer à l'étudier dans le moment, où les anguilles sont ramenées dans la mer par leur instinct ; parce qu'il est très-probable qu'elles remplissent alors le but de la nature pour leur réproduction ; puisque lorsque les anguilles quittent la mer pour rentrer dans les eaux douces, elles ramènent avec elles les petites anguilles qui sont comme des fils ; quoiqu'elles ne fussent pas descendues dans la mer, lorsque les grosses anguilles y étaient allées.

On peut croire avec raison que la diversité des idées sur la génération des anguilles est fondée sur la manière vicieuse dont on les a étudiées : puisque les opinions qu'on hasarde sont sans fondement solide, et puisque les observations capitales et tranchantes n'ont pas été faites ; de sorte qu'on est à présent aussi avancé pour l'intelligence de ce phénomène, que du temps d'Aristote ou plutôt de celui qui s'en est occupé le premier avant ce grand philosophe.

Spallanzani ramène le problème à ses vrais termes ; il réunit toutes les observations, et il en conclut que les anguilles ne se multiplient pas dans l'eau douce. Cette conséquence lui fait présumer avec beaucoup de probabilité que les anguilles doivent se multiplier dans la mer, et que c'est lorsque les anguilles sont descendues dans la mer, qu'il faut chercher la solution du problème. Ce grand naturaliste l'aurait trouvée s'il avait pu quitter ses leçons académiques pendant l'hiver, et observer les anguilles dans le moment où elles entrent dans la mer. Il a espéré que ses avis ne seront pas inutiles, et j'aime à croire qu'on ne tardera pas à en recueillir les fruits.

CHAPITRE XVII.

Des moyens de perfectionner l'art de faire des observations et des expériences.

On perfectionnerait sans doute l'art de faire des observations et des expériences, en perfectionnant ses sens et ses instrumens. Si l'on pouvait opérer pour le goût, l'odorat et le tact, ce que l'on a opéré pour l'ouïe et la vue, on leur procurerait des sensations nouvelles, puisqu'on étendrait leur influence au-delà de leurs limites naturelles, et on leur donnerait leurs télescopes et leurs microscopes. On peut au moins présumer que, avec du travail et de l'attention, on pourrait acquérir un tact, dont la délicatesse pourrait égaler celle de quelques aveugles, qui distinguent les couleurs avec les doigts, et qui jugent les obstacles qui se rencontrent devant eux par la pression que l'air exerce sur leur visage. La nécessité où les aveugles sont de suppléer la vue qui leur manque , occasionne sans doute une énergie d'attention qui produit cet effet, mais un homme qui a l'usage de la vue pourrait faire par choix ce que l'aveugle exécute par force. Ce ne serait pas le seul cas , où l'on remarquerait que celui qui fait tout ce qu'il peut faire, fait encore souvent beaucoup plus que ce qu'on croit communément possible. Il y a des médecins qui distinguent la petite vérole par l'odorat avant l'éruption. On dit que les Hottentots distinguent les pas d'un homme par l'odeur qu'il laisse. Banks rapporte que les habitans d'Otahiti découvrirent une femme restée inconnue sur le vaisseau de Bouguainville pendant son trajet de France dans la mer du Sud.

Il faudrait perfectionner ensuite les instrumens, en augmentant l'intensité de leur influence et l'exactitude de leurs effets. On ne peut fixer aucune borne à la perfection des lunettes depuis les découvertes de Dollond, et à celle des télescopes, depuis les heureux travaux de Herschel. Il n'est pas inutile même de remarquer qu'on ignore le parti qu'on peut tirer de divers instrumens qu'on possède, par les applications heureuses qu'on peut encore en faire. Le télescope est devenu un courrier presque aussi rapide que la lumière dans le télégraphe. En étudiant les rapports des différentes substances, on y trouve des moyens heureux pour connaître diverses modifications de la matière, qui peuvent nous aider à connaître celles de différens corps. C'est ainsi que la retraite de l'argille a fourni à Wedgwood un thermomètre pour estimer les feux les plus ardens de nos fourneaux. Desaussure s'est servi de la propriété réfractaire du sappare pour soumettre toutes les substances à l'action du feu violent du chalumeau; ce qui lui a fourni l'occasion d'estimer ce feu, et de le considérer avec ses rapports dans les diverses matières qu'il y a exposées.

Mais il importe sur-tout d'acquérir cette attention, qui fixe l'ame et les sens sur les objets, qu'on veut étudier; afin qu'elle en saisisse mieux tous les rapports, et qu'elle distingue plus nettement les plus importans. Bonnet s'occupe de la génération; il porte ses regards sur les pucerons et les vers ; il voit les premiers se multiplier sans accouplement, et les seconds par boutures.

On apprendrait peut-être à se former un esprit observateur ; si ceux qui en sont doués enseignaient aux autres comment ils observent; comment ils étudient un phénomène, comment ils en distinguent les rapports ; comment ils y remarquent ce qu'il y a de plus essentiel ; comment ils les voient séparés et réunis ; comment ils saisissent leur ensemble et leurs causes. Il faudrait lire dans le cerveau d'un Trembley, d'un Spallanzani pour apprendre d'eux par intuition l'art d'observer. On y découvrirait les ressources de leur attention, de leur adresse, de leur patience et de leur sagacité ; on y verrait la marche hardie et sûre du génie, et l'on y remarquerait les traces qui conduisent toujours à la vérité. C'est ainsi que Trembley découvre un animal sous les apparences d'une plante, et que Spallanzani cherche dans le fond d'un pistil, qui n'a pas été fécondé, la graine qui paraîtra au grand jour après la fécondation.

Il y a sûrement un genre d'éducation qui

convient plus particulièrement à chaque état ; mais il est très-important dans tous, d'apprendre l'art d'observer. Il faudrait pour cela accoutumer de bonne heure l'esprit au genre d'idées qui doit lui être le plus familier ; ces idées lui deviendraient plus propres, et il serait toujours prêt à les avoir, et à les méditer, parce qu'il aurait l'appareil de connaissances nécessaires pour le faire utilement. On donnerait toujours des leçons utiles aux jeunes gens, si l'on mettait la nature entre leurs mains, plutôt que les livres qui la décrivent ; en leur faisant répéter les observations des grands observateurs, on leur suggérerait l'analyse qu'ils ont suivie ; on leur ferait remarquer les circonstances dont ils ont profité, et on leur laisserait le plaisir de la découverte, quand ils seraient sur la voie. On les familiariserait ainsi de bonne heure avec la méthode des bons observateurs, et on leur préparerait les plaisirs et les succès de leurs maîtres.

Il serait peut-être possible de préluder à cette instruction dans les premières leçons qu'on donnerait aux enfans ; en mettant sous

leurs sens tous les objets qu'on voudrait
leur faire connaître , et en proportionnant à
leur capacité le nombre des choses qu'on
leur ferait remarquer dans les objets; cette
méthode aurait l'avantage de leur faire voir
souvent les mêmes objets à différentes époques,
et de les leur rendre toujours plus intéressans, en les leur présentant sous des points
de vue différens ; ils acquéreraient de cette
manière, sans peine , un grand nombre d'i-
dées exactes, et ils se mettraient en état de
comprendre la théorie des sciences, quand
leur raison serait plus avancée; au lieu que
la méthode qu'on suit communément, remplit le cerveau d'idées fausses, ou d'idées
superficielles; elle force les jeunes gens à
tout apprendre dans le même moment, et
ne les prépare point au genre d'instruction,
que leur raison naissante les met en état
de recevoir. Ce que je dis ici pour l'histoire
naturelle, serait également vrai pour l'étude
de l'histoire , des belles-lettres , de la morale , de la mécanique, de la géométrie
même , et n'exclurait point l'étude des langues
que je crois fondamentale, non seulement
pour la connaissance indispensable des chefs-

d'œuvre de l'antiquité, et pour apprendre
à parler sa langue avec pureté, avec clarté
et avec grace; mais encore pour acquérir
cette logique-pratique, dont les rapports
grammaticaux offrent continuellement un exer-
cice simple et facile.

Les observateurs feraient peut-être mieux
fleurir leur art, et le rendraient plus utile,
si la plupart d'entr'eux étaient moins super-
ficiels dans leurs recherches, il serait peut-
être avantageux de se consacrer à l'étude d'un
seul objet, afin d'y porter toutes les ressources
de l'ame et l'énergie des sens. On ignore
leur puissance, quand ils se concentrent sur
le même objet, et quand ils agissent toujours sur lui. C'est ainsi que Huber a vu
dans les abeilles, ce que tous ses devanciers
y avaient vainement cherché avant lui; c'est
parce que Reaumur fut distrait par mille
objets différens, qu'il laissa échapper la découverte de Schirach, quand il vit les abeilles
travailler avec courage dans une ruche, où
il y avait des vers royaux; s'il avait imaginé de mettre des abeilles dans une ruche
où il n'y aurait eu que du couvain d'ouvrières,

il aurait vû les reines abeilles sortir des œufs des abeilles communes ; en général, on rendrait ces travaux plus fructueux en les bornant, et l'on gagnerait en profondeur, ce qu'on croit gagner en surface.

Cependant l'observateur qui s'applique à l'étude d'un objet ne doit pas négliger ceux qui peuvent avoir avec lui quelques rapports ; parce qu'ils peuvent lui fournir des lumières : l'histoire d'une chenille apprend une grande partie de celle de toutes les autres; quoiqu'on ne puisse bien savoir ainsi leur histoire, quand on sait celle d'une seule. Les chenilles qui filent une coque n'apprennent pas les procédés de celles qui n'en filent point. Ces chenilles même dans leur espèce n'enseignent pas ce que d'autres chenilles du même genre peuvent produire. Le ver à soie ne découvre pas les procédés de la chenille dont la coque est rayée, ni ceux de la chenille qui couvre sa coque de morceaux de bois ; celle qui se suspend par le milieu du corps ne fait pas connaître les moyens de celle qui se pend par la queue.

On accélérerait de même les progrès de l'histoire naturelle, si les naturalistes se bornaient à étudier les êtres qui les entourent ; ou s'ils ne s'occupaient même que d'une seule classe. Lyonnet recueillit 400 papillons aux environs de la Haye. Il faudrait ainsi étudier la nature dans tous les lieux, voir tous ses effets avec leurs combinaisons, l'épuiser par-tout, s'il était possible. C'est ainsi que la chimie moderne fait tant de progrès ; mais il faudrait encore répéter les mêmes observations en divers lieux pour s'assurer de leur constance, ou découvrir leurs variations. On a appris de cette manière, que la longueur du pendule pour battre les secondes n'est pas la même au pôle et sous l'équateur. Halley dans ses voyages décrit la ligne, où l'aiguille aimantée ne décline plus, et il indique ses déclinaisons à l'est et à l'ouest ; mais en suivant après lui ses observations, on a découvert que ces lignes qu'il avait tracées sont variables ; en observant encore ce fait ne découvrirait-on point que ces lignes ont un périodisme qu'il serait bien important de connaître pour la navigation ?

Je

Je voudrais rendre ceci encore plus sensible. Nous avons quelques connaissances générales sur la physiologie des plantes ; mais nous sommes à peine sûrs de leur généralité. Comment croire que cette partie de nos connaissances soit ébauchée, tandis que nous ignorons les premiers élémens de la cause qui produit cette variété observée entre les 30,000 plantes qui sont enregistrées dans nos nomenclatures, et non-seulement entre quelques-unes de leurs parties, mais encore entre toutes, comme entre leurs propriétés ? Ne serait-il pas convenable, et ne serait-ce pas le temps d'étudier avec soin l'histoire de la plante la plus caractérisée d'une classe, d'une famille, d'un genre ; de la suivre ainsi depuis le moment où sa graine est déposée en terre, jusqu'à sa fin ; de remarquer les ressemblances et les différences de leur germination, de leur accroissement, de leur suction, de leur transpiration, de leur feuillaison, de leur défeuillaison, de leur floraison, de leur fructification, etc. ; de saisir les rapports de ces événemens avec leurs formes, leurs habitudes, les événemens de leur histoire ? Il n'y a sans doute que ce moyen pour obtenir une vraie physiologie végétale, parce que la réunion de ces observations fournira des idées générales, qui seront les bases solides des théories qu'on pourrait donner.

On ne peut se dissimuler qu'il y a des lieux propres à certaines observations qui doivent être choisis pour les faire; on observe mieux les aurores boréales dans les pays septentrionaux, parce qu'elles y sont plus belles et plus fréquentes. Chaque pays a quelque chose de particulier, soit au physique, soit au moral, qui le rend intéressant aux yeux du philosophe; ce sont ces objets qui doivent fixer son attention et déterminer ses recherches. Qui peut douter de l'importance qu'il y aurait à étudier la même plante dans divers terreins, à différentes hauteurs au-dessus du niveau de la mer, et dans différens climats?

Il faudrait encore que l'esprit d'observation fut tellement celui des naturalistes, qu'ils se trouvassent toujours prêts à observer les phénomènes au moment où ils se présentent. Combien de faits qui échappent, parce que la surprise qu'ils occasionnent empêche de s'y arrêter ? Si l'on voit plus d'objets remarquables dans ce siècle, c'est parce qu'on est plus attentif, et l'on en verrait davantage, si le nombre des grands observateurs était plus considérable. Les phénomènes météorologiques supposent toujours qu'on est prêt à les étudier ; ils s'offrent au moment où on les attend le moins ; tels sont ces globes de feu qu'on apperçoit rarement ; telles sont les variations du vent, des nuages, de l'électricité, etc.

Il y a mille occasions semblables, où l'on perd les observations les plus capitales, lorsqu'on n'a pas la même promptitude pour les saisir. Un mouvement remarqué par Trembley, dans quelques filets, fut la première observation du polype. Les gouttelettes d'eau formées dans les vaisseaux, où l'on brûlait le gaz hydrogène avec le gaz oxygène, ont suggéré l'idée de la décomposition de l'eau.

Les opinions généralement reçues offrent un champ d'observations particulières ; elles doivent avoir un fondement plus ou moins solide, parce qu'on n'adopte pas une idée, lorsqu'elle ne repose pas sur quelques faits prouvés. Tels sont les pronostics des paysans et des marins sur les orages, les pluies et les vents. Toute leur science n'est pas vraie, mais toute leur science n'est pas fausse. Quoique je sois bien éloigné de croire l'influence de la lune sur les événemens météorologiques, il y a pourtant cette objection, que je ne puis résoudre ; c'est l'opinion généralement reçue dans tous les temps et dans tous les lieux, sur l'effet qu'elle doit exercer constamment. Linné écrivait en 1743, que les paysans de Smaland savaient que chaque vers *gordius* reprenait une tête et une queue quand on le mettait dans l'eau après cette section. Reaumur ne méprisa pas les *traditions des bonnes femmes* ; il dit fort bien à cette occasion, qu'on ne peut avoir le droit de rejeter un fait, qu'après l'avoir acquis par l'examen; aussi ayant vu des paysannes mettre des pommes de pin dans leurs armoires, pour les garantir des teignes, il trouva dans cette méthode l'idée excellente d'employer la thérébentine pour faire périr ces insectes, et il réussit dans ses expériences.

Reaumur apprit aussi des pêcheurs à faire sortir de sa coquille l'animal qu'on appelle *couteau*, en jettant du sel sur l'endroit où on le soupçonne ; il sort alors pour s'en débarrasser ; mais si on le manque, le sel qu'on jeterait encore ne le ferait pas resortir.

L'histoire naturelle aurait les plus grandes obligations aux observateurs laborieux qui répéteraient les observations contestées, et qui constateraient les faits douteux : on rectifierait ainsi les erreurs répandues ; on serait sûr des vérités découvertes ; on trouverait les sources d'erreurs, et l'on terminerait des disputes sur des faits qui devraient réunir tous ceux qui s'occupent à les décrire.

Les sociétés savantes pourraient contribuer à la perfection de l'art d'observer, en rassemblant les observations importantes qui seraient restées dans l'oubli ; en fixant sur elles l'attention, et en montrant le parti qu'on peut en tirer.

Je ne pense jamais au projet de C'irac pour la perfection de la médecine, sans gémir

de ce qu'il est encore à réaliser. Tous les
médecins de la France devraient observer
avec soin leurs malades, et leurs observations
recueillies par diverses académies de provinces,
auraient été rédigées et publiées à Paris.
Les sociétés de médecine établies dans cette
capitale, semblent disposées à remplir ce
but. Toutes les sociétés savantes de l'Europe
réunies par l'étude de la nature, devraient
publier de même les bonnes observations
de leurs membres. Le journal de physique
de Rozier, continué par l'infortuné Mongez,
qui a péri sans doute avec La Peyrouse,
et par l'infatigable La Métherie a rempli une
partie de ce plan; on y trouve l'histoire des
découvertes faites en Europe sur la science
de la nature et sur les arts. Telles sont les
annales de chimie publiées à Paris; tel est
le journal des mines; telle est la foule de
journaux allemands sur diverses branches
de la physique, de l'histoire naturelle, de la
chimie et des arts. Tel est un journal anglais qui se borne à donner un extrait de
tous les mémoires publiés dans les différentes académies. Il serait très-important
de dresser chaque année un tableau des dé-

couvertes faites pendant sa durée, sur-tout
si on lui donnait un peu plus d'étendue
que celui de La Métherie dans le premier
cahier de l'année du journal de physique.

Il serait à désirer que le nombre des observateurs s'augmentât; il faudrait qu'il y en
eût par-tout, pour saisir tous les faits intéressans. Il ne s'agit pas seulement ici de ces
observations suivies faites pour épuiser un
sujet, mais encore de ces avis heureux qui
peuvent signaler ce qu'il faut observer.
Les hommes instruits qui habitent la cam-
pagne, où l'on est moins distrait par les affaires de la société, et où l'on a plus de
loisir, devraient sur-tout se procurer le bonheur d'étudier la nature; mais il faudrait pour
cela préparer un livre élémentaire, pour indiquer les connaissances aisées qu'on peut
acquérir par l'observation : la manière d'étudier la nature, le choix des sujets qui méritent l'attention pour connaître le canton
qu'on habite, et la méthode de suivre un
phénomène et de le décrire. Ce manuel d'observation contiendrait le germe de connaissances importantes; il exciterait la curiosité,

exercerait l'esprit, et fournirait de grandes ressources pour avancer les sciences. On en ferait de semblables pour les marins, les voyageurs, divers artistes, et l'on trouverait
d'abord de grands moyens pour enrichir
le dépôt des connaissances, parce qu'on y
intéresserait beaucoup de personnes qui n'i-
maginent pas la possibilité de concourir
à ce grand but, quoiqu'elles puissent aisément le remplir. On se fera une idée de
la nature de cet ouvrage dans les réflexions
abrégées de Lavoisier sur les moyens de
multiplier les observations minéralogiques ;
on les trouve dans le *journal de physique de
1771 , tom.* I , et sur-tout dans l'agenda philosophique, par lequel Desaussure termine ses
voyages instructifs dans les Alpes.

Il serait important encore d'avoir un tableau fidèle des connaissances acquises par
les faits ; il faudrait qu'il fut indépendant de
toute théorie. Ce serait vraiment l'histoire
de la nature, ou plutôt ses pièces justifica-
tives. Les discours qui sont à la fin de la
première centurie des mémoires de l'académie
des sciences de Paris seraient un modèle à

suivre dans ce but, s'ils faisaient mieux connaître les faits. On apprendrait ainsi ce qu'il reste à découvrir, ou plutôt on sentirait bientôt qu'elles sont les bornes étroites où la science est encore renfermée.

Il y a des observations qui ne peuvent être entreprises qu'avec l'aide des gouvernemens, telles furent celles qui étaient nécessaires pour lever la carte de la mer Caspienne; Pierre le Grand y concourut avec la générosité d'un prince, et les lumières d'un savant. Telles furent celles qu'on a faites, et qu'on fait pour reconnaître l'hémisphère austral en Angleterre, en France et en Espagne; telles furent encore celles qui étaient indispensables pour observer le passage de Vénus sur le soleil, et pour mesurer divers arcs de méridiens en divers lieux de la terre.

Les voyages bien faits seraient une source précieuse d'observations; les lieux différens n'offrent pas les mêmes phénomènes d'une manière semblable. Les lois générales combinées avec la position particulière des lieux occasionnent des effets qui varient par ces positions. La diminution de la gravité sous l'équateur établit les modifications de cette force combinée avec la force centrifuge. Il y a des exhalaisons, qui ont une influence marquée. Les habitans d'un pays voient ces phénomènes sans attention, parce qu'ils sont accoutumés à les voir toujours ; au lieu qu'un voyageur, frappé par leur nouveauté, les étudie avec plus de réflexion.

La plupart des voyageurs ne méritent aucune confiance, parce qu'ils racontent pour l'ordinaire, sans exactitude, ce qu'ils ont vu par hasard, ou ce qu'on leur a dit sans discernement ; d'autres occupés de leurs affaires particulières voient la nature en passant, ou par les yeux d'autrui ; presque tous séduits par le merveilleux, ont rapporté comme vrai ce qui étonnait leur curiosité. En général, je crois les voyageurs plus crédules qu'infidèles. Les habitans de Tobolsk dirent à l'abbé Chappe que la terre ne dégelait qu'à quelques pieds; il fit faire un creux de 14 pieds, et il y trouva la terre dégelée.

Les voyageurs distraits par mille objets nouveaux ne peuvent tout voir, quand ils ne font pas un long séjour dans les lieux qu'ils visitent, aussi l'on ne doit pas être surpris, si une foule d'objets leur échappe. Banks et Solander découvrent dans la mer d'Espagne le dagyse, animal curieux, qui était inconnu; ils y remarquent de même un oiseau qui avait échappé à Linné.

» La plupart des voyageurs qui ne sont pas naturalistes n'ont ni la patience, ni le désir d'observer avec soin ce qui frappe leurs sens; étonnés par les objets nouveaux qu'ils apperçoivent, ils ne voient que ce qu'ils ont d'extraordinaire; les premières apparences épuisent leur curiosité, et ils croient avoir assez vu pour enrichir leur relation : souvent même ils ajoutent à ce qu'ils ont vu, tout ce qu'ils ont pu lire, ou entendre, et ils font sans s'en douter des êtres aussi imaginaires que ceux de l'Arioste.

Un voyageur qui veut être utile à l'histoire naturelle doit être jeune, plein de courage, animé par la passion des découvertes;

il doit avoir des connaissances approfondies
de la nature ; savoir le dessin pour peindre
ce qu'il ne peut emporter : tout sollicite sa
curiosité, la lithologie, la minéralogie, la botanique, la zoologie, la météorologie, l'é-
conomie ; la diététique, les vêtemens, les
maladies, le commerce. C'est ainsi que se
présentent les voyageurs distingués *Kalm iter
Americanum*, *Hasselquist iter Palæstinum*, le
Gentil, Linné, Cook, Vancouver, Pallas,
Desaussure, Spallanzani, etc.

Il devrait y avoir plusieurs observateurs
sur toute la terre pour faire dans des lieux
donnés les observations impossibles dans
d'autres. Un voyageur rapide dans sa course
ne saurait analyser un pays, suivre les phénomènes qui lui sont particuliers. La science
est la fille du repos. Je ne dis rien ici des
cabinets d'histoire naturelle, des bibliothèques,
ce sont des index plus ou moins complet,
du grand livre de la nature qu'il est aussi
bien important de voir et de connaître.

Les hommes même qui négligent les sciences,
lorsqu'ils jouissent des avantages de la for-

tune, pourraient favoriser les progrès de l'esprit humain, en aidant les savans qui dépensent ce qu'ils possèdent, pour perfectionner leur esprit. Les hommes opulens contribueraient ainsi à leur bonheur, puisque la perfection de nos connaissances tourne au profit de l'art de jouir, en contribuant à la perfection des arts, au soulagement des artistes, et au bonheur public. Que le génie forme des projets, qu'il imagine des observations et des expériences utiles; les personnes favorisées des biens de la fortune trouveront les moyens de les exécuter. Quel bonheur de pouvoir se dire j'ai adouci les momens de plusieurs milliers d'hommes, pendant la durée du monde; j'ai augmenté les ressources de l'industrie pour mon pays; j'ai accru sa puissance; j'ai fécondé les idées d'un homme qui éclairera les siècles en lui fournissant les moyens de réaliser au profit de l'espèce humaine les ressources de son esprit. Quel trésor qu'un cœur plus grand que sa fortune! Quelles jouissances que les bénédictions de ceux qu'on instruit, ou qu'on rend plus heureux!

Les sociétés savantes rendraient un service signalé aux sciences, si elles déterminaient ce qu'on sait sur chacun des objets dont elles s'occupent; si elles faisaient entrevoir ce qu'on peut espérer de découvrir; si elles indiquaient ce qu'il conviendrait de chercher; elles seraient infiniment utiles, si elles marquaient les observations et les expériences contestées; si elles traçaient la route qu'il faut suivre pour éclaircir ce qui est obscur, dissiper les doutes qu'on est forcé de conserver; elles ouvriraient une carrière à une foule d'hommes qui penseraient à la parcourir, quand ils auraient reconnu l'utilité de leurs entreprises, et l'espérance du succès triompherait dans plusieurs d'une inertie qui peut les rendre inutiles à la société.

Fin du second volume.

www.ingramcontent.com/pod-product-compliance
Ingram Content Group UK Ltd.
Pitfield, Milton Keynes, MK11 3LW, UK
UKHW020122130726
13696UKWH00001B/159